起業のための
企業法務入門

事業実践へのナビゲーション

Takashi MURANAKA　　Takahiro HORIE　　Kentaro HIRAKI
村中　孝史・堀江　崇寛・平木健太郎 著

北大路書房

はしがき

　本書出版の直接のきっかけは，京都大学における大学院共通科目「企業法務概論」のテキストを作成することでした。近時，起業を考えている院生が増えていることを受け，その手助けとなればと，2023（令和5）年度からこの授業は開始されました。本書が扱うテーマは，この授業の内容とほぼ重なっています。

　ご覧いただければ明らかですが，本書は多様な法律や制度を扱っています。逆に言えば，起業にあたってはそれだけ多様な法律や制度が問題になってくるということです。しかし，盛りだくさんのテーマを短いスペースの中に閉じ込めるのはなかなか大変でした。簡にして要を得た説明を心掛けたつもりですが，法律や制度の詳細にまで踏み込めていない部分が多々あるのは事実です。

　ただ，本書は法律や会計制度の専門家を対象としたものではありません。起業する人たちを対象にしたものであり，その人たちが起業を決断するにあたり考慮すべき問題，また，起業すればすぐにでも直面する問題を中心に，その概要を解説するものです。序章で述べますように，それぞれの分野には専門家がおり，実際の事務処理はそのような専門家の助けを借りて行うことになります。しかし，起業にあたり創業者は様々な判断を迫られ，また，手続への対応を求められます。そこに潜んでいる問題を理解できていないと，起業するか否か，また，起業の形に関する判断でつまずくことになります。さらには専門家に依頼すべきか否かの判断もできないこととなるでしょう。

　本書は，このように起業を考えている人たちを対象に書かれたものですので，授業に参加する院生だけでなく，これから起業しようとする人，将来起業することを夢見ている人，起業したばかりで事業がスムーズに進んでいない人，とりあえず順調なものの何らかの不安を感じている人，そういう人たちを横から見て心配している人たちにも，ぜひ本書を手にとってもらえたらと考えています。本書は，そのような人たちの期待に応えられるような実践的な内容となっています。

　本書の出版にあたっては，北大路書房で出版コーディネーターをされている出版工房ひうちの秋山泰さんに大変お世話になりました。企画段階から内容や構成に関して著者たちと議論いただき，有益なアドバイスを多々いただきました。そのおかげで，単なるテキストから，広く起業を考えている人たちにも読んでもらえるような，今日的，実践的な内容に仕上がったと思います。あらためて秋山さんに御礼申

i

し上げたいと思います。

　本書が広く起業を考えている人たちの一助になればと願う次第です。

　2025（令和 7）年 1 月

著者一同

❖起業のための企業法務入門❖　　目　次

はしがき
著者・執筆担当紹介

序　章＿企業経営とそれを支える専門家 ……………………………………001

- ▶§1＿企業法務と起業法務 …………………………………… 001
- ▶§2＿日本における企業経営と法 ……………………………… 001
  - ▶▶1＿人事・労務は法務でない？　　▶▶2＿日本的雇用慣行と法
  - ▶▶3＿日本人の法意識　　▶▶4＿経済の国際化とコンプライアンス
  - ▶▶5＿雇用における法の意義　　▶▶6＿企業運営全般における法の意義
- ▶§3＿事業のライフサイクル ……………………………………… 005
  - ▶▶1＿起業・創業　　▶▶2＿事業展開──軌道に乗せる
  - ▶▶3＿事業の衰退と改革　　▶▶4＿事業の承継──M＆AとIPO
  - ▶▶5＿事業の終焉──自主廃業と破綻
- ▶§4＿経営を取り巻く法とそれを支える士業 ……………………… 008
  - ▶▶1＿経営を取り巻く諸ルール・法則　　2＿士業活用の重要性
- ▶§5＿ビジネスを支える士業 …………………………………… 009
  - ▶▶1＿法律の資格──弁護士・司法書士・行政書士
  - ▶▶2＿不動産関連の資格──不動産鑑定士・土地家屋調査士・宅地建物
  取引士　　▶▶3＿経理や経営の資格──公認会計士・税理士・中小企業
  診断士　　▶▶4＿その他の資格──社会保険労務士と弁理士
  - ▶▶5＿ビジネスにおける士業の活用

第Ⅰ部　　企業法制と財務（ファイナンス法務）の基本をつかむ

①章＿会社法と会社の設立 ……………………………………………014

- ▶§1＿個人事業と会社設立 …………………………………… 014
  - ▶▶1＿事業主体の選択　　▶▶2＿個人事業と共同事業
- ▶§2＿株式会社の3つの特徴 …………………………………… 015

iii

▸▸1__所有と経営の分離　　▸▸2__株主有限責任

▸▸3__資本多数決（一株一議決権）　　▸▸4__株主の権利

▸ **§3__合同会社の特徴** ……………………………………………… 018

▸▸1__合同会社とは　　▸▸2__合同会社の組織

▸▸3__合同会社の利益の分配　　▸▸4__出資者の退社

▸ **§4__一般社団法人の特徴** ……………………………………… 019

▸▸1__一般社団法人とは　　▸▸2__基金　　▸▸3__一社の活用法と普及

▸▸4__社内の組織

▸ **§5__株式会社の基本組織** ……………………………………… 020

▸▸1__自由度のある基本組織　　▸▸2__会社法が定める従来型の組織

▸ **§6__会社の設立手続** ………………………………………… 024

▸▸1__定款の認証　　▸▸2__設立時に決めること

▸▸3__法務局での登記申請　　▸▸4__設立費用

②章__複式簿記と会計 …………………………………………028

▸ **§1__複式簿記と株式会社の沿革** ……………………………… 028

▸ **§2__複式簿記における帳簿組織** ……………………………… 028

▸▸1__単式簿記──おこづかい帳の問題　　▸▸2__複式簿記──お店の
取引①　　▸▸3__データベースとしての仕訳帳　　▸▸4__複合仕訳─
─お店の取引②　　▸▸5__仕訳から決算書へ──帳簿組織
▸▸6__転記と元帳　　▸▸7__個別論点──棚卸し
▸▸8__個別論点──減価償却

▸ **§3__会計基準** ……………………………………………… 036

▸▸1__会社法と会社計算規則　　▸▸2__準拠するルール

▸▸3__中小企業の会計基準

▸ **§4__決算書──BS（貸借対照表）とPL（損益計算書）** ……… 037

▸▸1__上場企業の決算書とBS　　▸▸2__PLと段階利益

▸▸3__決算日とBS・PLの関係

③章__税金の計算と税務 ………………………………………041

▸ **§1__税金とは** ……………………………………………… 041

▸▸1__人の活動と税　　▸▸2__税目と税収の内訳

▸▸3__税金計算の基本構造

▸ **§2__所得税の計算過程** ……………………………………… 042

- ▶▶1__所得税計算の枠組み
- ▶▶2__所得税の課税計算の特徴——超過累進課税
- ▶▶3__申告納税制度と青色申告　▶▶4__退職所得

▶ **§3__法人税の計算過程**…………………………………………047
- ▶▶1__法人税とは　▶▶2__法人税の税率と所得
- ▶▶3__損金に落ちる事業税　▶▶4__法人税の表面税率と実効税率

▶ **§4__消費税の計算過程**…………………………………………050
- ▶▶1__消費税とは　▶▶2__税率　▶▶3__取引の分類——課税取引・
非課税取引・不課税取引　▶▶4__一般課税　▶▶5__簡易課税
- ▶▶6__免税業者とインボイス　▶▶7__基準期間

▶ **§5__税負担を免れたときのペナルティ** …………………………053
- ▶▶1__自己申告制度　▶▶2__税務署からの接触とペナルティ

4章__事業資金の調達……………………………………………056

▶ **§1__資金調達の種類・方法** ……………………………………056
- ▶▶1__BSと資金調達　▶▶2__オーソドックスな資金調達
- ▶▶3__新しい資金調達

▶ **§2__金利の世界** ………………………………………………058
- ▶▶1__利息についての法の制限　▶▶2__単利と複利
- ▶▶3__金利の相場・水準

▶ **§3__株式会社における資金調達** ………………………………060
- ▶▶1__社債の発行　▶▶2__社債の発行と新株の発行の相違点
- ▶▶3__転換社債と新株予約権（オプション）

▶ **§4__事業計画を立てる**…………………………………………062
- ▶▶1__事業計画を立てる前の準備運動
- ▶▶2__数字面の事業計画を立てる

▶ **§5__ J-KISS型新株予約権を用いた資金調達** …………………066
- ▶▶1__上場一直線——アプリ開発を例に　▶▶2__出資契約書
- ▶▶3__シード期の資金調達——J-KISS型新株予約権
- ▶▶4__ディスカウント条項とキャップ条項

5章__財務分析とM&A ……………………………………………071

▶ **§1__財務分析と経営指標** ………………………………………071
- ▶▶1__本節のねらい　▶▶2__経営指標の名付けられ方
- ▶▶3__レバレッジ効果　▶▶4__損益分岐点売上高

目　次　v

▶ **§2__M&A** ……………………………………………………… 076

　▸▸1__価格の三面性と三面等価　　▸▸2__買収価格の決め方

　▸▸3__M&Aの増加　　▸▸4__M&A仲介を利用する上での注意点

　▸▸5__事業承継・引継ぎ支援センター

▶ **§3__M&Aの手続の流れ** ……………………………………… 080

　▸▸1__買い手企業の見つけ方　　▸▸2__売り手企業の手続

　▸▸3__買い手企業の手続

6 章__株式の上場 …………………………………………… 084

▶ **§1__上場と国内の証券取引所** ……………………………… 084

　▸▸1__経営目標としての上場　　▸▸2__新規上場する会社の数

　▸▸3__国内の証券取引所──東京一極集中

▶ **§2__上場のメリットとデメリット** …………………………… 085

　▸▸1__上場のメリット　　▸▸2__上場のデメリット

　▸▸3__上場することの意義

▶ **§3__国内市場の種類** ………………………………………… 087

　▸▸1__本則市場と新興市場等　　▸▸2__新興市場　　▸▸3__本則市場

　▸▸4__プロ投資家向け市場──TOKYO PRO Market

▶ **§4__上場準備を支える関係者** ……………………………… 089

　▸▸1__主要メンバー　　▸▸2__その他の関係者

▶ **§5__上場までのスケジュール** ……………………………… 091

　▸▸1__上場の申請年度　　▸▸2__監査法人　　▸▸3__主幹事証券会社

　▸▸4__会社内の組織体制の整備　　▸▸5__上場申請書類

7 章__倒産処理の手続 ……………………………………… 094

▶ **§1__倒産とは** ………………………………………………… 094

▶ **§2__倒産の類型** ……………………………………………… 094

　▸▸1__法的整理×再生型──会社更生法と民事再生法

　▸▸2__法的整理×清算型──破産と清算

　▸▸3__私的整理×清算型──自主廃業と夜逃げ

▶ **§3__破産──法的整理×清算型** …………………………… 096

　▸▸1__破産手続　　▸▸2__スケジュール　　▸▸3__経営者の活動

　▸▸4__破産時の財産の分配　　▸▸5__優先債権──税,社会保険料,賃金

　▸▸6__財団債権　　▸▸7__一般債権者への配当　　▸▸8__自由財産

▶ **§4__銀行借入れと連帯保証** ··· 099

▶▶1__連帯保証契約とその必要性

▶▶2__保証契約と連帯保証契約の相違──催告の抗弁権と検索の抗弁権

▶▶3__経営者保証のガイドライン

▶ **§5__私的整理×再建型**──百花繚乱 ·································· 100

▶▶1__私的整理ガイドライン　▶▶2__RCCスキーム

▶▶3__事業再生ADR

▶▶4__中小企業再生支援スキーム（協議会スキーム）

▶▶5__地域経済活性化支援機構による支援　▶▶6__特定調停スキーム
──事業再生型運用　▶▶7__事業再生計画の立案　▶▶8__まとめ

第Ⅱ部　労務（労働法務）の基本をつかむ

8章__従業員の募集と採用 ·· 106

▶ **§1__募集・採用の方法** ··· 106

▶▶1__従業員を募集する方法　▶▶2__労働者派遣の利用

▶ **§2__募集・採用時の法規制** ·· 107

▶▶1__職業安定法が定める募集時の原則

▶▶2__均等な機会付与が求められる場合等　▶▶3__公正な採用

▶ **§3__採用時の労働条件明示義務など** ···························· 109

▶▶1__明示すべき事項と明示方法　▶▶2__明示義務に違反した場合

▶▶3__雇い入れ時の健康診断

▶ **§4__採用内定と内々定** ··· 111

▶▶1__契約の締結と就労の開始　▶▶2__雇用契約成立の時点

▶▶3__内定の取消し　▶▶4__内々定の取消し

▶ **§5__試用期間** ··· 112

▶▶1__試用期間の趣旨　▶▶2__本採用の拒否

▶ **§6__契約禁止事項** ·· 114

▶▶1__違約金，損害賠償の予定（労基法16条）

▶▶2__前借金相殺の禁止（労基法17条）　▶▶3__強制貯金（労基法18条）

目　次　vii

❾章__就業規則と労働条件の決定・変更 ················116

▶ **§1**__雇用契約と就業規則 ···························116

▶ **§2**__労働基準法と就業規則 ························116

▶▶1__就業規則の作成・届出・周知義務　　▶▶2__就業規則の記載事項　　▶▶3__過半数代表への意見聴取義務　　▶▶4__就業規則の変更

▶ **§3**__就業規則と雇用契約の関係 ······················118

▶▶1__就業規則の補充的効力　　▶▶2__就業規則の変更的効力

▶ **§4**__個々の労働者の労働条件 ·····················123

▶▶1__一般的労働条件と使用者の人事権　　▶▶2__人事権の濫用

❿章__労働法令の遵守 ·································127

▶ **§1**__法律による最低基準の設定 ······················127

▶▶1__最低労働条件の法定　　▶▶2__最低労働条件の法的効力

▶ **§2**__労働時間・休憩・休日に関する規制 ·············127

▶▶1__労働時間・休憩・休日の原則

▶▶2__労働時間規制の例外①【法定時間外・休日労働】（労基法36条）

▶▶3__労働時間規制の例外②【みなし労働時間制度】（労基法38条の2～38条の4）

▶▶4__労働時間規制の例外③【変形労働時間制度】（労基法32条の2・32条の4）

▶▶5__労働時間規制の例外④【フレックスタイム制度】（労基法32条の3）

▶▶6__労働時間規制の適用除外（労基法41条）

▶ **§3**__有給休暇 ·································134

▶▶1__労基法による有給休暇権の付与（労基法39条）

▶▶2__休暇日の決定方法

▶ **§4**__賃金の支払方法と賃金額 ·····················135

▶▶1__賃金の支払方法の規制（労基法24条）

▶▶2__賃金額に関する規制

▶ **§5**__安全衛生 ·································137

▶▶1__危険・健康障害防止措置　　▶▶2__安全衛生管理体制の整備

▶▶3__その他

viii　目　次

⑪章__業務遂行過程と従業員利益 ……………………………………………… 140

▶§1__労働義務と服務規律 ……………………………………………… 140
▶▶1__労働義務の範囲　　▶▶2__服務規律

▶§2__服務規律違反に対する懲戒処分 ………………………………… 141
▶▶1__就業規則記載の必要性　　▶▶2__就業規則での定め方
▶▶3__懲戒権の濫用

▶§3__服務規律と従業員利益の衝突 ……………………………………… 142
▶▶1__叱責と研修　　▶▶2__服装や髪型　　▶▶3__所持品の検査
▶▶4__メールの利用と閲覧　　▶▶5__監視カメラ
▶▶6__守秘義務と公益通報　　▶▶7__勤務時間外の行動

▶§4__従業員に対する平等処遇 ………………………………………… 145
▶▶1__労働基準法が定める平等原則　　▶▶2__男女差別
▶▶3__その他

▶§5__特別な状況にある従業員についての保護 ……………………… 147
▶▶1__年少者の保護　　▶▶2__母性の保護　　▶▶3__育児・介護の支援

⑫章__知的財産管理と従業員 ……………………………………………… 151

▶§1__知的財産の法的保護 ……………………………………………… 151
▶▶1__特許権等の産業財産権　　▶▶2__産業財産権以外の知的財産権
▶▶3__知的財産と従業員

▶§2__職務発明 …………………………………………………………… 152
▶▶1__職務発明に関する会社の通常実施権
▶▶2__会社の「特許を受ける権利」　　▶▶3__「相当の利益」
▶▶4__「相当の利益」の内容
▶▶5__社内規則等による「相当の利益」の決定
▶▶6__社内規則等が無効，あるいは存在しない場合の「相当の利益」
の決定

▶§3__守秘義務と競業避止義務 ………………………………………… 154
▶▶1__不正競争防止法による営業秘密の保護
▶▶2__契約上の守秘義務と競業避止義務

⑬章__雇用契約の終了 ……………………………………………………… 159

▶§1__合意解約と解雇 …………………………………………………… 159
▶▶1__辞めてもらう必要と従業員側事情　　▶▶2__合意解約

▸▸3__解雇

▸§2__解雇に関する法規制 ………………………………………… 160
　　▸▸1__解雇予告と予告期間　　▸▸2__解雇禁止期間
　　▸▸3__解雇禁止事由　　▸▸4__解雇権濫用の禁止

▸§3__有期労働契約とその終了 ………………………………… 164
　　▸▸1__契約期間中の解約　　▸▸2__契約期間の満了
　　▸▸3__有期契約の更新と更新拒絶　　▸▸4__無期転換請求

▸§4__定　年…………………………………………………………… 168
　　▸▸1__定年退職制度　　▸▸2__定年制度と年金支給開始年齢

14章__社会保険の法と制度 ……………………………………… 169

▸§1__社会保険とは ……………………………………………………… 169

▸§2__医療保険 ………………………………………………………… 169
　　▸▸1__健康保険　　▸▸2__国民健康保険

▸§3__年金保険 ………………………………………………………… 172
　　▸▸1__国民年金　　▸▸2__厚生年金

▸§4__労働保険 ………………………………………………………… 175
　　▸▸1__労災保険　　▸▸2__雇用保険　　▸▸3__労働保険料

☕コーヒーブレイク　　目　次

0.1__「法」とは？　（004）
1.1__なぜ配当は制限されるのか？　（017）
2.1__借方（かりかた）と貸方（かしかた）（031）
2.2__経理担当者による横領事件と不正の温床　（036）
3.1__申告期限に間に合わないとき　（044）
3.2__渡り鳥　（047）
4.1__ファイナンスリース取引　（057）
4.2__少人数私募債　（061）
5.1__報酬とレーマン方式　（083）
6.1__非上場化の流れ　（087）
6.2__監査難民と主幹事難民　（092）
8.1__試用期間と契約期間　（113）
8.2__留学・就学費用の貸付　（114）
9.1__様々な賃金制度　（123）

9.2__日本型雇用システム （125）
10.1__労働時間の管理 （129）
10.2__労働時間規制への適切な対応の必要性 （133）
10.3__会社による従業員に対する損害賠償請求 （136）
11.1__育児休業を理由とする不利益取扱い （149）
12.1__副業 （157）
12.2__従業員の引き抜き （158）
13.1__有期雇用契約と解雇予約 （166）
14.1__各社会保険制度の関わり合い （178）

トピック　目　次

1.1__種類株 （016）
3.1__法人の利益調整と役員報酬——定期同額給与 （049）
3.2__税務署との交渉がまとまらないとき （055）
3.3__会計書類の保存期間と電子帳簿保存法 （055）
4.1__運転資金と資金繰り表 （065）
4.2__ベンチャーとスタートアップ （068）
5.1__割引現在価値 （078）
7.1__第二会社方式による事業再生 （103）
8.1__労働者派遣 （107）
9.1__労働協約と雇用契約 （122）
10.1__「労働時間」とは？ （128）
10.2__所定時間外労働 （130）
10.3__労使委員会 （132）
10.4__労働災害と労災補償 （139）
13.1__平均賃金 （160）
13.2__病気休職制度 （163）
14.1__介護保険の役割 （172）

❖著者・執筆担当紹介

村中 孝史 【執筆担当】 序章§1・§2，8章～13章

▶略歴
1957年 生まれ
1981年 京都大学法学部卒業
1986年 京都大学大学院法学研究科単位取得
1986年 京都大学法学部助手，その後，同助教授，法学研究科教授
法学部長，国際高等教育院長，理事・副学長等を歴任。2023年4月から現職

▶現在
京都大学名誉教授・同志社大学大学院司法研究科特別客員教授
京都大学国際高等教育院非常勤講師
京都地方労働審議会委員・同会長
京都府労働委員会公益委員

▶専攻 労働法

▶主な業績
「働き方改革と労働法の役割」民商法雑誌156巻2号（2020年6月）285-317頁
『注釈労働基準法・労働契約法 全3巻』（有斐閣, 2023～2024年）〔荒木尚志・岩村正彦・山
川隆一と共編著〕
『働く人の法律入門〔第2版〕──労働法・社会保障法・税法の基礎知識』（有斐閣, 2009年）〔西
村健一郎と共編著〕

堀江　崇寛 ほりえ　たかひろ　　　【執筆担当】　序章§3〜§5，1章〜7章（第Ⅰ部全部）

▶略歴
1976年　生まれ
2000年　京都大学法学部卒業
2001年　中央青山監査法人京都事務所入所
2002年　京都大学大学院 法学研究科修士課程修了
2004年　堀江公認会計士事務所 開設
2007年　税理士 登録
2023年　京都大学国際高等教育院 非常勤講師

▶現在
堀江公認会計士事務所 所長〔公認会計士，税理士〕
京都大学国際高等教育院非常勤講師

▶専攻　会社法

▶主な業績
西村健一郎・村中孝史編『働く人の法律入門〔第2版〕──労働法・社会保障法・税法の基礎知識』（有斐閣，2009年）の p123〜p134【第12章：賃金と税金・社会保険料の第1〜2節，第3節のコラムの一部】，p277〜p278【第23章：年金保険の4節】，p294〜p295【第25章：紛争の処理の第4節】を分担執筆

平木　健太郎^{ひら き　けん た ろう}　　　　【執筆担当】　14章

▶略歴
1992年　生まれ
2014年　西南学院大学商学部卒業
2014年　福岡ひびき信用金庫入庫
2018年　同退庫
2019年　京都大学大学院人間・環境学研究科修士課程入学
2021年　同修了，同博士後期課程入学
2025年　同博士後期課程修了

▶現在
沖縄大学経法商学部講師

▶専攻　労働法，社会保障法

▶主な業績
「年休取得を理由とした不利益取扱いに関する議論の再検討」人間・環境学31巻（2022年）
　　117-130頁
「労基法39条１項の継続勤務要件に関する考察」社会システム研究25号（2022年）201-212頁
「労基法39条１項の出勤率要件に関する考察」社会システム研究26号（2023年）227-241頁

序 章 __ 企業経営とそれを支える専門家

▶ §**1** __ 企業法務と起業法務

　業界によってかなり違いはあるものの，企業の法務部では，契約書のチェック，各種業法や所轄官庁への対応，知財管理，訴訟への対応といった仕事が中心的な業務となっています。そのため，「企業法務」と言えば，これらの業務を想起されるかもしれません。しかし，本書がターゲットにするのは，それとは少し違います。

　本書では，会社創業者が起業するにあたり最初に直面し，乗り越えなければならない法・制度的諸問題を対象としています。具体的には会社設立にかかわる法制度，財務，会計，税務，人事・労務，社会保険事務という問題です。まさに起業する人のための「企業法務」です。

　もちろん，創業後，事業が順調に展開すれば，これらの問題は財務や人事担当の従業員に任せ，あるいは外部の士業に委託するので，創業者が法制度面を意識することは少なくなります。しかし，起業する時点では，創業者自身が一定の対応を求められるため，また，これらはコスト面にも影響するため，ある程度の基礎知識を有していることは必要ですし，少なくともその知識は起業をスムーズに進める助けになります。以上が本書の狙いですので，本書が言うところの「企業法務」は「起業法務」とした方がよかったかもしれません。それでもあえて「企業法務」としたことには理由があります。

▶ §**2** __ 日本における企業経営と法

▶▶1__人事・労務は法務でない？

　企業実務では，契約書のチェックはまさに法的な問題であり，対応には法的素養が必要になると理解されています。業法への対応や許認可，知財管理も同様です。これに対し，たとえば人事や労務の問題はどうでしょうか。これが契約書チェックと同様に法的な問題だと理解されているでしょうか。以前と比較すると多少変化していますが，まだまだそのようには理解されていません。このことは，それぞれの担当部署への人の配置を見れば明らかです。法務部には法学部卒や法科大学院卒が

配置され，また，最近ではインハウスロイヤー（企業内弁護士）が雇用されるケースも増えました。これに対し，人事部には労働法の知識をもつ人間を配置するわけではありません。およそ法律に触れたことのない人間でさえ配置されるのが現状です。人事部の仕事に労働法の知識は必要ない，と考えられているのでしょう。

しかし，時間外労働の問題などを見れば明らかで，労働法は企業におけるコンプライアンス（「法」の遵守）にとっても重要な分野となっています。また，解雇や人事異動，労働条件の変更などは，まさに契約問題であり，従前から労働法の知見なくして対応できるはずのない問題でした。定型的な契約書のチェックなどよりもはるかに複雑で困難な法的問題がそこには隠れており，これを法務と呼ばない企業実務に，常々違和感をもってきました。

このような企業実務は，日本社会，とりわけ雇用の分野における法律の役割ないしは機能と深く関係していたと思います。

▶▶2__日本的雇用慣行と法

日本では正社員を中心としていわゆる日本的雇用慣行が広く見られました。今でもなお有力だと思います。この慣行の下では，従業員は，会社との間で自らの労働と賃金を取引する者ではなく，会社という一種の共同体のメンバーとして理解されます。その結果，会社と従業員との間に適用されるべきルールは，外部との取引の場合に適用される法ではなく，あくまで会社内部でのルールということになります。換言すれば，外部社会のルールである法に関する知識は，内部問題である会社と従業員との関係には何ら役に立たない，というわけです。むしろ，会社内部の従来の慣行や，それまでの経緯に関する知識が重視されます。

もっとも，このような雇用のあり方だけに目を向けるのは一面的です。より根本的な問題として，日本社会における法というものの位置づけについても考えておく必要があります。日本人の法意識，といった形で議論される問題です。

▶▶3__日本人の法意識

日本でも欧米各国に比肩する法体系が整備されています。ただ，その成り立ちの経緯はかなり異なります。誤解を恐れず大雑把に言いますと，欧米各国の場合，法は国民自身が作り上げてきたものと感じられているのに対し，日本の場合，国が国民に押しつけたものと感じられている，と言えると思います。市民革命を経て民主主義を実現した欧米各国と，それを経験せず，敗戦により民主主義を「押しつけられた」日本の違い，と言ってもよいかもしれません。法は民主主義により生み出された約束事ですから，民主主義の位置づけの違いが，法への思いの違いを生み出すのは必然でしょう。

押しつけられた法とはできるだけ無縁でいたい，と思うのは当然でしょう。自分達には守るべき独自のルールがあると考える場合にはなおさらです。労働基準法が，会社法と並んでザル法と言われていた時代があったのをご存じでしょうか。1週48時間（当時）の上限規制は誰も守らず（知りさえせず），サービス残業は当たり前，そのような押しつけルールに従うのではなく，「わが村」の発展のため，村長をはじめ村人皆馬車馬のごとく働く，という内部ルールが貫徹される，というわけです。

▶▶4__経済の国際化とコンプライアンス

このような状況は，経済の国際化の進展とともに，変化を余儀なくされます。海外から公正な競争を求められ，その結果，コンプライアンスの必要性が叫ばれるようになりました。もはや従前のようなサービス残業は許されず，今では労働時間規制もかなり守られています。しかし，外部ルールの遵守が強制される場合はともかく，それ以外に関しては，やはり人事・労務はあくまで内部問題であり，法的な問題としては意識されないようです。日本人にとって，法は外から押しつけられるものですから，最低限必要な対処をすれば，それで法とのおつき合いはおしまい，ということなのでしょう。換言しますと，組織の内部運営に法，あるいは法の考え方を反映しようとはけっして思わない，ということです。

▶▶5__雇用における法の意義

しかし，法には，社会生活の中で他者との間で公平な関係を構築するための道具，という側面があります。会社と従業員の関係が内部問題であったとしても，両者の利害が衝突することはあります。従前の慣行や企業内部のルールは，両者の利益を常に公平に調整しているでしょうか。ある時点で公平なルールであっても，会社がおかれている環境は常に変化していますし，内部事情も変化しています。内部ルールはそうした変化に対応しているでしょうか。前例踏襲は公平なように見えて公平とは限りません。

また，近時は，従来のような日本的雇用慣行も揺らぎつつあり，従業員の転職も増加しています。転職志向の従業員は，共同体のメンバーに加えてもらうよりも，できるだけ良い条件で働きたいと考えています。少なくとも従業員にとって人事はもはや内部問題ではありません。従業員の流動化が進めば，内部問題として自社の内部ルールを押しつける企業は敬遠されるでしょう。より優秀な人材を得るには，人事・労務について外部でも通用するルールに従うことが必要になります。

▶▶6__企業運営全般における法の意義

以上のような日本人の法意識は，日本の雇用慣行と結びつき，とくに雇用の現場

序章____企業経営とそれを支える専門家 | 003

における法の意義を著しく低下させました。しかし、雇用以外の場面でも、程度の差はあれ、やはり法の軽視・無視をもたらしたと思います。上述しましたように、会社法も以前はザル法と呼ばれていました。

　経済の国際化はコンプライアンスを強く要請しましたので、たしかにどの分野でも法の意義は高まっています。しかし、法というものを会社内で活かそうとするようになったわけではありません。外からの強制に対してやり過ごせば良いもの、という法のとらえ方がまだまだ色濃く残っていると思います。

　しかし、前述しましたように、法、とりわけ取引をめぐる法は、当事者間の公平な利害調整を目的にしたものです。様々な業種や場面での数多くの紛争を通じて蓄積された利害調整の智恵の宝庫と言ってよいかもしれません。そこでの利害調整の考え方を企業経営の中へと取り入れることは、自らの組織の合理的運営に資するばかりか、企業運営の透明性や社会的通用性を高め、従業員のみならず、当該会社に関与する者の満足度を高めるものと思います。そういう観点から、今までは「法務」ととらえられてこなかった場面でこそ、実は「法」の考え方がもっと活かされるべきではないのか。それが、本書をあえて「企業法務」とした理由です。

☕コーヒーブレイク0.1＿「法」とは？

　「法」とは何か、と問われた場合、何をイメージするでしょうか。多くの人は、国会で決められた法律をイメージすると思います。もちろん、法律は「法」の中心に位置するものです。しかし、法律の文章は必ずしも一義的でなく、不明確な場合も多々あります。そのような場合について一定の解釈を行うのは裁判所の役割です。裁判所は、それぞれの事件について判決をする際に、そのような解釈を示すのですが、とくに最高裁が一定の解釈を示しますと、それが先例として後々の裁判にも影響を与えます。そのようにして形成されるルールを判例と呼んでいます。この判例も、「法」を形成する重要な要素です。

　「法」を裁判所が判決を下すにあたって拠り所とするルール、と考えるのであれば、法律と判例が「法」の主たる構成要素ということになります。しかし、事業遂行するにあたっては、行政官庁とやりとりする場面が数多く出てくると思います。その場面では、それぞれの行政官庁が定めた通達や書式といったルールに従うことを要請されます。それもまた「法」と感じられるかもしれません。もちろん、それらは後に裁判で争うこともできるのですが、そうしない以上、たしかにそれらも「法」の仲間と言えるでしょう。

　また、それぞれの業界で設定されたルールもありますし、さらに、コーポレートガバナンスコードといったものもあります。後者は、東京証券取引所が作成しているものですが、遵守しない場合には、その事実が公表される結果、社会的評価が下落する可能性があります。これらは国によって強制されるものではありませんが、事実上、遵守せざるを得ないものであり、これらもまた「法」の仲間と言えるかもしれません。

　このように、国会が制定する法律だけでなく、様々なタイプの「法」あるいはその仲間がおり、それらに目配りしておく必要があります。

序章＿＿企業経営とそれを支える専門家

▶§3 ＿ 事業のライフサイクル

本書は起業をテーマにしていますが、そのイメージをもつために、創業した企業がその後どのような経路をたどるのか、ざっと俯瞰してみましょう。

▶▶1＿起業・創業

多くの場合、創業時にあるのはアイデア、情熱、時間です。反対にないものは、ヒト、モノ、カネと言えるでしょう。ヒト・モノ・カネは経営の3大資源と言われています。古くはマルクスの資本論で、経営に必要なものとして、資本、労働力、土地が紹介されていましたが、いつしかヒト・モノ・カネと表現されるようになり、1980年代には「情報」、2000年代には「時間」、そして近年では「知的財産（特許・ブランド等）」が加わるようになりました。

これからベンチャー企業を立ち上げる人には、古典的な経営資源が不足していても、情報（ノウハウ）や知的財産につながる優れた技術やアイデア、そして時間という新しい武器があります。それが競争力となるのです。

▶図表0.1は、多様な経営資源について図示したものです。それぞれの要素はもちろん重要ですが、たいていのものはお金で買うことができます。そうなると、結局お金が一番ということになりますが、資本とはお金のことであり、資本主義とはお金を第一にする経済体制といえます。この体制の下で、お金を増やし続ける活動を行うのが企業です。それが行き過ぎるとマネーゲームの様相を帯びますが、一方でそれを完全に否定することはできません。マネーの動きはミクロ経済学の「物理の法則」のようなものだからです。

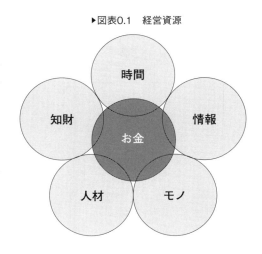

▶図表0.1　経営資源

▶▶2＿事業展開——軌道に乗せる

ビジネスを創業して成功すると、さらなる発展を目指して以下のような展開をと

るケースがよく見られます。

　まず1つ目は，コンビニや飲食店のように多店舗展開や全国展開を行うケースです。次に，Amazonのように取り扱う商品の多様化が挙げられます。さらに，商流の川上・川下への展開も考えられます。例えば，住友林業が林業から木造住宅に展開したケースがわかりやすいでしょう。最後に，技術やノウハウの転用による異業種への参入です。これはメーカーに多く見られ，例えばトヨタが自動織機から自動車へ，ヤマハがオルガンからプロペラ，エンジン，オートバイへと展開した事例が代表的です。

▶▶3 事業の衰退と改革

　一世を風靡したビジネスモデルも，時代の変化に対応できなければ衰退します。そのまま廃業に向かうのか，既存事業を改革できるのか，あるいは新規事業に参入して企業を若返らせるのか，それは経営者の取組み次第です。

　プロダクト・ポートフォリオ・マネジメント（PPM）は，1970年代にアメリカのボストン・コンサルティング・グループが提唱した経営分析法です。▶図表0.2はその説明に用いられる図で，縦軸に市場成長性，横軸に自社の市場シェアを示しています。自社の事業がどこに位置するかを図示することで，企業の戦略立案に役立てるものです。

▶図表0.2　PPM
（プロダクト・ポートフォリオ・マネジメント）

　それぞれ特徴的な名前が付けられており，①問題児，②花形，③金のなる木，④負け犬の4つに分類されます。

　①の問題児は，市場の成長性が高いと見込まれ，市場シェアを高めて事業の成功を目指す段階です。そのため，多額の投資が必要で，成功するかどうかは全くの不明です。

　②の花形は，市場の成長が見込まれ，かつ一定のシェアを獲得したため，事業が成功している状態です。しかし，新規参入者も多く競争が激しいため，一定の追加投資が必要です。

　③の金のなる木は，市場シェアを押さえ，市場の成長性が鈍化して新規参入者が減少する局面です。独占や寡占状態に近くなるため，利益が大きくなります。

　④の負け犬は，市場でのシェア争いに敗れ，事業がうまくいかない状態です。こ

の段階では，市場からの撤退を検討する時期になります。

　このPPMを用いて，ボストン・コンサルティング・グループは，金のなる木の段階にあるクライアントにプレゼンをしていました。つまり，事業が安定的に収益を生むが，徐々に成長が鈍化している段階のクライアントに対して，積極的に①問題児への新規参入の必要性を説明していたのです。

　したがって，これはこれから起業しようとしている方に説明する図ではありません。しかし，参入する事業が，市場が拡大すると見込まれる①問題児なのか，それとも④負け犬ではないかを考えることは重要です。実際，多くの起業家が④負け犬に参入し，その結果，成功できていないのかもしれません。

▶▶4＿事業の承継——M&AとIPO

　事業がどんなに成功していてもいずれ経営者は年を取り，または事業意欲を維持できずに，事業を譲る時が訪れます。もちろん，子供や親族に事業を承継する場合もありますが，近年では承継する身内や従業員がおらず，M&Aで第三者に事業を売却するケースが増えています。M&Aは，新たなリーダーに引き継ぐことで，企業のさらなる成長につながります。

　また，証券市場に上場することによって，社長の所有する株の一部を売却し，社長の会社からみんなの会社へと変えることも考えられます。この場合，引退はもう少し先になりますが，会社の飛躍に向けた重要な一歩となります。証券市場に上場し，株式を公開することをIPO（Initial Public Offering）と呼びます。

▶▶5＿事業の終焉——自主廃業と破綻

　年を取ったり病気になったりして，事業を引き継ぐ人がいないときは，取引先に迷惑をかけずにひっそりと自主廃業することになるでしょう。

　まだスタートもしていない段階で破綻の話をするのは縁起でもありませんが，数年前の経済誌でベンチャー企業の生存率が，5年で15%，10年で6.3%と取り上げられて話題になりました。しかし，そのデータの根拠は不明で，反対に同時期に国が公表した中小企業の生存率は5年で81.7%であり，欧米先進国に比べても30ポイント以上高いとされています（平成29年度中小企業白書『起業の実態の国際比較』）。起業にはさまざまなパターンがあるため，正確な生存率を把握するのは難しいのかもしれません。

　破綻についての重要なポイントですが，倒産の直接の原因は利益が上がらないことではなく，資金が足りなくなることです。資金がショートしなければ，事業の継続は可能です。もちろん，損失を出し続けながら資金を確保するのは非常に大変で，失敗したときの痛手も大きくなります。利益が出ているのに事業が継続できなくな

序章＿＿＿企業経営とそれを支える専門家　007

ることを「勘定合って銭足らず」あるいは黒字倒産といい，過剰な設備投資や急速な店舗展開が主な原因です。

▶§4 __ 経営を取り巻く法とそれを支える士業

▶▶1__経営を取り巻く諸ルール・法則

冒頭にも書きましたが，ビジネスで必要となるルールや制度を広く学んでおけば，企業経営をスムーズに進めることができます。また，大きな落とし穴を回避でき，万一落ちた場合も効率的に脱出できるでしょう。

▶図表0.3に示すように，ビジネスの周辺には，必要な法や制度が数多く存在し，その1つ1つには長い年月をかけるだけの研究テーマが詰まっています。本書では，労務人事，会計や税務，会社法を中心に，基本的な考え方を説明し，起業時の助けとなるようにしています。起業にあたっては，制度の詳細まで知る必要はなく，原則や基本的な考え方を広く把握しておくことが重要です。これにより，経営上の誤った判断を避け，致命傷を負うことなく，事業運営を継続できます。

▶図表0.3　経営を取り巻く諸ルール

民法
労務人事
会社法
経済理論（ミクロ）
経営学
業界の慣習
ビジネス
専門知識
会計
業法
知的財産法
税務

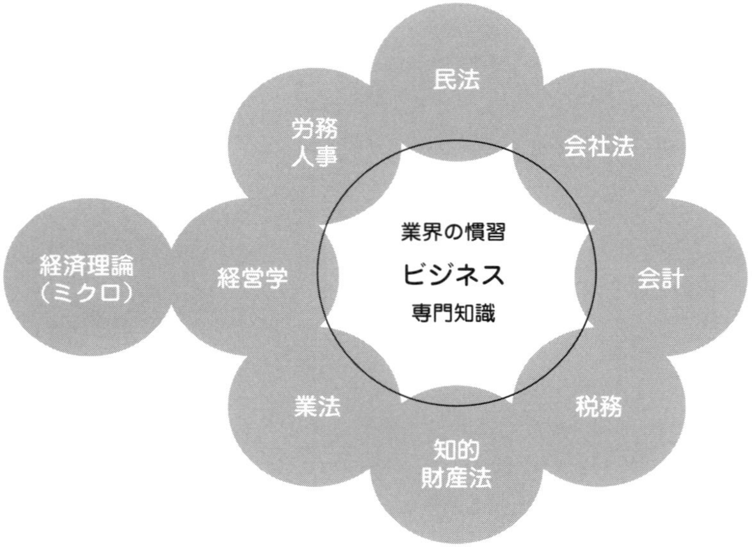

▶▶2＿士業活用の重要性

　もちろん，実際に起業する際には様々な手続が必要となり，そのためには制度の詳細を理解する必要も出てきますが，その分野の専門家に依頼するのが得策です。専門家に依頼すべき問題か，どの専門家に依頼すべきかを判断できることが重要です。次の▶§5では，起業や事業運営の際に手助けしてくれる専門家（士業）について説明します。

▶§5＿ビジネスを支える士業

▶▶1＿法律の資格──弁護士・司法書士・行政書士

　▶図表0.4には，11の文系士業を集めました。ここに漏れている士業もあるため，全てが網羅されているわけではありません。士業にはそれぞれ独占業務が認められています。独占業務とは，特定の資格を持つ専門家だけが行うことを認め，資格を持たない者が他人のために行うことを制限する業務を指します。

❶　弁護士　　弁護士は，文系士業の中で最強と言われています。カゲのついた6

▶図表0.4　11の文系士業

不動産	法律	その他	経理	経営

不動産鑑定士／土地家屋調査士／宅地建物取引士／弁護士／司法書士／行政書士／弁理士／社会保険労務士／公認会計士／税理士／中小企業診断士

序章＿＿＿企業経営とそれを支える専門家　009

つの資格すべてを登録できるからです。基本的に困っている人の法律行為を代理できる資格なので，ほとんど何でも対応できます。実際，司法試験の科目からもわかるように，弁護士になるには幅広い法律知識が求められます。本書との関連で言えば，会社設立時に必要な会社法や多様な契約に関する民法の知識も豊富です。ただし，ビジネスで必要となる法律は業界ごとに特殊なものが多く，そのすべてに精通しているわけではありません。しかし，法に関する基本的な素養を身につけており，どのような法律問題でも時間さえあれば一定の対応が期待できます。

　法律や法務の資格には，他に司法書士と行政書士があります。

❷　**司法書士**　　司法書士は，不動産の権利や会社の基本事項など，法務局に登記を申請することを専門としています。法務局は，不動産，会社などの法人，一定のまとまった権利や物など，公益性のある情報を登記事項として関係者に開示する法務省管轄の役所です。また，司法書士は裁判所に提出する書類の作成を代行することもでき，特別なカリキュラムを修了すると140万円以下の争いについて簡易裁判所で代理人業務を行えます（認定司法書士）。司法書士試験は非常に難易度が高く，合格率は毎年約 5 ％です。

❸　**行政書士**　　行政書士は，他の士業資格で独占業務と定められている業務以外の事務で，役所へ提出する書類の作成と提出を代理する資格です。そのため，行政書士の業務領域は最も広いといわれています。具体的には，建設業，自動車運送事業，飲食店業の許可申請，陸運局への自動車の登録申請，文化庁への著作権の登録申請などを行います。また，登記以外の会社の設立事務や議事録の作成，契約書の作成も業務に含まれます。

▶▶2__不動産関連の資格──不動産鑑定士・土地家屋調査士・宅地建物取引士

　次に不動産関連の資格についてです。不動産を持たない経営も選べる時代ですが，借入れの際の担保になること，そして金額的にも重要であることから，不動産は多くの企業にとって最も重要な資産と位置づけられます。

❶　**不動産鑑定士**　　不動産鑑定士は，土地や建物の時価や地代・家賃の適正額を鑑定します。会社を売却する際も，所有する不動産の評価額が取引価格に大きく影響します。鑑定士は民法や経済学に加え，不動産関連の行政法規にも精通している必要があるため，その試験は非常に難しく，弁護士や公認会計士と並んで文系三大資格の 1 つとされています。

❷　**土地家屋調査士**　　土地家屋調査士は，測量の専門家で，土地の境界を明示して，それを法務局に提出します。また，建物を建設したり増築したりした場合に，建物の面積や図面を法務局に提出します。隣接地の所有者との不動産の境界争い（隣地トラブル）は，国境紛争のように将来に禍根を残すことになるので要注意です。

序章____企業経営とそれを支える専門家

❸ **宅地建物取引士**（宅建士）　宅地建物取引士は，不動産の売買や賃貸の取引を仲介する資格です。ここで取り上げる11の士業の中で最も簡単に取得できる資格であり，商才のある人は不動産業で大儲けできるかもしれません。資格の難易度と経済的な成功は必ずしも一致しないのです。

　これらの不動産関連の資格は本書にはほとんど登場しませんが，事業運営の中で不動産投資をする方は覚えておいてください。

▶▶3＿経理や経営の資格──公認会計士・税理士・中小企業診断士

　つづいて，経理と監査の専門家である公認会計士，経理と税金の専門家の税理士，そして経営コンサルティングの専門家，中小企業診断士を紹介します。

❶ **公認会計士**　公認会計士は，決算書が適切に作成されているかを監査し，お墨付きを与える仕事をしています。基本的には上場企業の決算を担当します。上場企業の監査は，会計士一人で対応できる規模ではないため，複数の会計士やその補助者，システムエンジニアなどの専門家とチームを組んで行います。会計士の集まった会社を監査法人と呼びます。会計士も三大資格の1つであり，税理士や行政書士の資格を登録することができます。

❷ **税理士**　税理士は，税務署に提出する書類を作成し，税務調査に立会って，税務署との折衝を行う専門家です。税金に関することは金額が大きくなるうえ，脱税という犯罪と隣り合わせですから，原則として税理士以外の人は，他人の申告書の作成や税務調査の立会いは無論のこと，税務相談に応じることも禁じられています（独占業務）。税務署に提出する申告書には，その計算の元になる決算書を添付しますが，決算書については規制がなく，誰でも作成できます。

❸ **中小企業診断士**　中小企業診断士は，向学心の高い銀行員が取得することの多い資格で，コンサルタントとして経営者にアドバイスをします。また，事業計画を立案し，補助金の申請に関与することもあります。他の士業資格と異なり，独占業務はないため，会計士や税理士も経営コンサルティングを行っています。

▶▶4＿その他の資格──社会保険労務士と弁理士

❶ **社会保険労務士**（社労士）　社会保険労務士は，労働保険や社会保険の専門家であり，同時に人事や労務の専門家でもあります。ハローワーク，労基署，年金事務所，協会けんぽ等に提出する書類の作成や提出代行を行います。

　ハローワーク（公共職業安定所，職安）は，雇用保険（失業保険など）に関する手続や雇用調整助成金などの申請を受け付けます。労基署（労働基準監督署）は，会社が作成する就業規則や労働者と交わした重要な労使協定の届出を受け付けるほか，ブラック企業の取り締まりを行います。年金事務所は，老後を支える国民年金や厚生

年金を管理する役所です。協会けんぽ（全国健康保険協会）等は，労働者等やその家族の健康保険を取り扱う組織です。

❷　**弁理士**　　弁理士は，知的財産権の専門家で，特許庁へ提出する書類の作成や特許庁との折衝を行います。知的財産権には，発明品に関する特許権，物の形や構造に関する実用新案権，工業デザインに関する意匠権，ロゴマークなどの商標権があります。

　特に重要なのは特許権です。日本国内だけでなく外国でも認められる必要があるため，特許協力条約に基づく国際特許出願を念頭に置く必要があります。また，弁理士は基本的に最先端の技術を取り扱うため，専門的な科学技術・工業技術を理解するための理系の基礎知識も必要です。

▶▶5＿ビジネスにおける士業の活用

　起業時に依頼することが特に多いのは，司法書士，行政書士，税理士，社労士の4つの士業です。本書の中でも何度か登場します。また，経営者が抱える課題がどの士業の専門領域かを判断することが難しいことがあります。その際は，ネットで検索するか，身近な顧問税理士に相談すると，適切な専門家を案内してくれるでしょう。士業同士でネットワークを組んでいることも多いです。

　このように，多様な士業が活動しているため，実際に手続が必要となった場合は，専門の士業をうまく活用することが重要です。また，法務全般について言えば，弁護士が幅広い知識を持っていますので，顧問契約を結ぶなどしてリーガルアドバイスを受けやすい環境を日頃から整えておくことが望まれます。

序章＿＿＿企業経営とそれを支える専門家

第Ⅰ部

企業法制と財務（ファイナンス法務）の基本をつかむ

1章 — 会社法と会社の設立

▶§1 — 個人事業と会社設立

▶▶1 — 事業主体の選択

起業するにあたっては，個人事業主としてスタートするか，最初から会社を設立するかを選択する必要があります。個人事業は誰でも簡単に費用も少なく始められ，事業が小さい間は税負担も会社より少なくて済みます。他方，会社設立の場合，複式簿記による決算書の作成が必要になる反面，一定の社会的な信用が得られ，人材の採用や得意先の開拓の面で有利に働きます。また，事業規模が大きくなると，個人事業で行うよりも税負担が小さくなる特性があります。以下，それぞれについて説明します。

▶▶2 — 個人事業と共同事業

❶ **個人事業での開業** 個人事業の場合は，特段の手続きは必要なく，フリーマーケットでの出店，ベビーシッターや家庭教師のように，個人の私生活の延長として開業できます。とはいえ，飲食店や古物商など行政の許認可が必要となる場合もあります。税務上は，開業から1か月以内に開業届を出す義務がありますが，違反しても罰則はありません。得意先（売上先）に事業者が含まれるビジネスの場合は，インボイス（適格請求書）を発行するか判断し，税務署に申請します（▶3章§4参照）。個人事業ではすべての責任を事業主が負う反面，事業で得られた利益はすべて事業主のものになります。

❷ **共同事業** 個人事業の発展系として，複数人が集まって行う共同事業（民法では組合と呼びます）があります。実例は少なく，まれに，親子，兄弟姉妹，夫婦，友達同士などで，資金や労力を出し合い，営むケースが見られます。イベントの興行のような単発的な事業の場合や経営判断があまり問われない不動産賃貸業では問題が起きにくいのですが，経営判断を要する永続的な事業の場合，共同事業者間の方針がまとまらず，うまくいかない傾向にあります。原因の1つに，共同事業者間の取決めが口頭で行われ，文書化されていないことが挙げられます。面倒であっても取決めは文書化等しておくことが肝心です。

第Ⅰ部 — 企業法制と財務（ファイナンス法務）の基本をつかむ

共同事業が抱えるもう1つの弱点として，取引の相手が不安定な立場に置かれることが挙げられます。取引中に，共同事業が解散したり，そのうちの1人が死亡したりすると，取引相手は誰に請求したらよいのか，分からなくなります。そのため，取引の相手は共同事業との取引を敬遠します。

❸ 法人での開業　この共同事業の抱える問題を克服するために，考え出されたのが法人です。法人については民法にわずか5か条だけ定められています。生まれながらに当然に権利や義務の帰属主体となる生身の人間を「自然人」と呼ぶのに対し，自然人と同様に権利や義務の帰属主体となり得る想像上の存在を「法人」と呼んでいます。

　法人には，一般社団法人，一般財団法人，社会福祉法人など多様なものがあり，それぞれに，出資者の有無，出資者がある場合には利益の分配方法，意思決定の方法，組織運営の方法，事業報告や決算報告の方法などが定められています。法人のうち，出資者が集まり（社団性），事業の儲けを分け合うことを目的（営利性）にする法人は会社と総称され，それには株式会社，合同会社，合名会社，合資会社があります。

　ここでは，法人の9割を占める株式会社と，近年設立される法人の4分の1を占める合同会社，それから設立が容易な会社以外の法人である一般社団法人の3つを取り上げて具体的に解説します。

▶§2 ＿ 株式会社の3つの特徴

▶▶1＿所有と経営の分離

　株式会社の特徴は3つです。1つ目が，所有と経営の分離です。もともと，株式会社は世の中に散在する小さな資金を1か所に集め，その資金を経営のプロに任せ，大きなビジネスをするために考え出された仕組みでした。会社の実質的な所有者は出資した株主です。株主の出資を元手に，会社を運営するのが，経営のプロである社長ら経営陣で，会社法では取締役と呼ばれます。会社の所有者（株主）と経営者（取締役）とが別人であることを前提に設計されているのが株式会社です（所有と経営の分離）。

　しかし，実際は，中小零細企業に限らず中堅企業であっても，株主と経営者は同じ人あるいは血縁のある親族だったりします。そのため，所有と経営が一致しているという実態があります。これは，株式会社がもともと大きい組織をイメージして設計された会社形態であり，大変信用があるように見えたことに起因します。それ以外の会社形態（合名・合資・有限）にしていると，小さくて吹けば飛ぶような感じがしたため，小規模な事業にもかかわらず，みんなが見栄を張って株式会社を選んだのです。

1章＿＿会社法と会社の設立 ｜ 015

▶▶2__株主有限責任

2つ目の特徴は株主の責任が有限責任であることです。最初に約束したお金を出資することだけが株主の責任で，それさえ果たせば，会社がどんなに周りの人に迷惑を掛けようと株主はそれ以上の責任を問われません。これにより，会社経営のことはよく分からない人でも，儲けていそうな会社に安心して出資できます。東京電力をイメージしてみましょう。福島県周辺の人に多大な迷惑をかけても，東京電力の株主が責任を問われることはなく，ただ株価の下落による損失を受けるだけで済むのです。

▶▶3__資本多数決 （一株一議決権）

最後の特徴は，資本多数決です。株主たちは民主的に多数決で会社の大事なことを決めます。株式会社での多数決は，国政選挙のような一人一議決権ではなく，お金を出した分に応じた議決権，つまり持ち株一株につき一議決権となっています。したがって，1人で51％を持っている人がいると残りの株主が100人いても，1人の意見が通る仕組みです。これを，資本多数決と呼びます。そのため，株式の過半数である51％，さらには，3分の2の特別決議を通すことのできる67％を持つことが会社経営の上で重要な意味をもちます。

普通は会社に出資した額と議決権とは同じ割合になりますが，異なる場合があります。それは，別のタイミングで出資した場合です。会社を設立した際の大事な100万円と，会社が大きく成長し，一株の価値が高くなった時の100万円では，同じ金額でも会社が割り当てる株数が異なります。そのため，出資額に比例した議決権ではなく，一株一議決権となっています。

✍トピック 1.1__種類株

株式は，会社を支配する権利を均等に小分けにした権利ですから，世の中にあるほとんどの会社は一株の性質がどれも同じです。しかし，多額のお金を集める時や会社を子供や従業員に段階的に譲る時，それでは困ることがあります。そこで，普通の株とは異なる特別な株を発行でき，これを普通株に対して，種類株といいます。様々な種類を設計できるため種類株と呼ばれます。

種類株は実に多様ですが，いくつか代表的なものを紹介します。

① 普通株よりも多くの配当を受け取れる，あるいは会社が解散したときに残余財産が優先的に受け取れる優先株や，その反対にほとんど受取れない劣後株があります。

② 議決権がない無議決権株や重要事項について拒否権がある黄金株があります。

▶▶4＿株主の権利

❶ **自益権**　上述の通り株主の責任は有限責任です。では，株主の権利はというと，会社の儲けの中から株式割合に応じた配当金を受け取る権利（配当請求権）と，会社が破綻(はたん)したときに，借金などを全て返済し，それでも財産が残る場合に，その残った財産を株式割合に応じて受け取る権利があります（残余財産分配請求権）。株主は，株式割合に応じ平等に扱われることになっており，株主平等原則といわれます。

　加えて，株主は原則として会社から出資の払戻しを受けられない代わりに株式を売却し，換金する権利が保障されています（株式譲渡自由の原則）。

　これらの権利は，株主自身のために行使できるので，自益権(じえきけん)と呼びます。

❷ **共益権——議決権と少数株主権**　株主には，上記の自益権とは別に，会社の所有者として会社の重要なことを決める権利があり，議決権といいます。たとえば，経営者を選ぶ，経営者の報酬を決める，配当金を出すかどうかを決めるなどの権利があり，基本的には民主的に多数決で決めます。さらに，会社の最高のルールである定款(ていかん)の変更，他の会社との合併，会社自体の解散も決議できますが，こうした特に重要なことを決めるときは過半数ではなく，3分の2の多数決で決めます。過半数の多数決を普通決議，3分の2の多数決を特別決議と呼んでいます。

　議決権のほかに，過半数に満たなくても一定の議決権を持つ株主が会社運営の適正を図るために行使できる権利があります。継続保有6か月以上かつ議決権1％以上などの株主に認められるものとして株主総会での株主提案権，議決権3％以上の株主に認められるものとして帳簿閲覧権，継続保有6か月以上かつ議決権3％以上の株主に認められる株主総会招集請求権，役員の解任請求の提訴権などです。

　これらの権利は少数株主権と呼ばれ，会社の適正運営のために株主に認められた権限ですから，その権限を行使できる議決権割合や継続保有期間等の行使要件は定款で緩めることはできても，厳しくすることはできません。少数株主権と株主総会での議決権とを合わせて，共益権といいます。

☕コーヒーブレイク1.1＿なぜ配当は制限されるのか？

　【Q】　株主の責任は有限責任です。それに対し，株主総会で配当金を出すことを決議できます。株主たちが多額の配当金を決定し，会社の財産が無くなると，銀行など会社にお金を貸している人や商品を納入する仕入れ業者は，お金を回収できなくなります。そうした問題をどのように防止しているのでしょうか。

　【A】　会社は，儲けの中からしか，配当金を出すことができません。もう少し正確にいうと，過去に儲かった分，損した分を全部足し引きしたうえ，過去に配当した分も

1章＿＿＿会社法と会社の設立 ┃ 017

そこから差し引いた額を「剰余金」と呼び，その剰余金の範囲内でしか新たに配当を出すことができません。このルールに違反すると，経営者が自腹を切り補塡することになっているため，経営者は剰余金を上回る配当を出す議案を，株主に提案することはありません。

　また，株主に配当できる剰余金を正確に計算する必要があるため，複式簿記という技術を用い決算書を作成します（▶2章§2参照）。

▶§*3* ＿ 合同会社の特徴

▶▶1＿合同会社とは

　合同会社は2006年の会社法改正により誕生した比較的新しい会社形態です。株式会社と同じく出資者の責任は有限ですが，株式会社よりも少人数かつ相互に信頼関係のある出資者が参加するという点で，共同事業における民法の組合に似た性格を持つ法人です。

▶▶2＿合同会社の組織

　それぞれの出資者は代表権をもち，業務執行を行うことが原則的な設計です（所有と経営の一致）が，定款で別の定めをすることもできます。出資者は個人に限定されず，会社などの法人も出資者になれます。業務執行を行う出資者が法人の場合，実際に誰が業務執行をするのか不明確になるため，その法人は個人である職務執行者を指定します。業務を行う上での意思決定は，出資者の頭数による多数決によります。これらについても，定款に別の定めをおくことができ，自由な設計が可能です（定款自治）。定款で業務執行をしないことになった出資者は，合同会社の業務や財産の状態を調査する権限を持ちます。

　なお，合同会社における出資者は，会社法上「社員」といいますが，従業員ではありません。誤解を避けるため，ここでは出資者と表現しています。

▶▶3＿合同会社の利益の分配

　利益の分配は，株式会社と同様，原則として出資割合に応じた分配になりますが，定款で別の定めを置くことができます。合同会社は少人数かつ相互に信頼関係のある出資者が参加し，金銭の出資以外にも，信用，経営手腕，ノウハウ，ブランドといった経済的に評価し難いものを提供しあうことが想定されるからです。利益の分配に際しては，出資者の責任が有限責任であることから，株式会社に似た配当制限

を受けます（☕コーヒーブレイク1.1参照）。

　出資者が1名の場合は出資者同士の関係が存在しないため，株式会社も合同会社
も似たような状態となります。その場合，設立費用が安く，株式会社のように少な
くとも10年に1度，役員の変更登記をする義務もない合同会社が選択されること
が多くなっています。

▶▶4__出資者の退社

　出資者が会社との関係をやめる場合は，次のような取扱いになります。合同会社
は株式会社とは異なり，出資者間の信頼関係が重要ですから，出資者は出資持ち分
を自由に売却することはできません。出資持分の売却には原則として他の出資者全
員の承諾が必要です。ただし，半年前に予告すれば，事業年度の終了時点で会社を
去ることできます。また，出資者が死亡した時は原則として自動的に会社を去るこ
とになります。これらの規定も，定款により自由に変更できます（定款自治）。会社
を去った出資者の持ち分は，合同会社から払戻しを受けることになりますが，配当
の制限と同様の制限を受けます。

▶§4 __ 一般社団法人の特徴

▶▶1__一般社団法人とは

　一般社団法人（以下，「一社」といいます）は，2006年に制定された一般法人法に
基づく比較的新しい法人形態で，定款に定められた理念や目的を達成することに関
心のある2名以上の人が集まって（社団性）できた法人です。そもそも出資という
概念がないため，株主や出資者が存在せず，株式や出資のような個人財産も生じな
いという仕組みです。

▶▶2__基金

　一社には，定款に定めることで任意に基金を設定できます。定款の理念や目的を
達成するために集めた資金等である点は会社の出資と似ていますが，出資者に利益
を分配することを目的とせず（非営利性），もっぱら理念や目的の追求のために使用
されるべき資金です。また，基金は目的を果たしたのちに，拠出（提供）した者に
利息をつけることなく返還される性質（負債性）があり，払戻しのできない出資（資
本性）とは性質が大きく異なります。

1章____会社法と会社の設立 ｜ 019

▶▶3＿一社の活用法と普及

一社は，会社と同様，定款の目的（法人の活動範囲）にほとんど制限がなく，手続きさえ踏めば誰でも設立できます（準則主義）。また，一社で利殖をはかれば相続税もかからず，別に経営する本業の事業や会社が倒産することになっても，それと関係のない一社は残すことができました。そのため，事業経営者にとり，税務署や債権者から取り立てられない財産を作ることができる仕組みとして，2010年代から注目され，名目的な理念をうたう一社が数多く設立される状況になりました。そのため，相続税は一定の場合につき，一社に対して課税される仕組みに改正されています。

▶▶4＿社内の組織

一社の運営は，定款の目的の下に集まった人（社員といいます）から選ばれた理事が行います。理事は，株式会社の取締役に相当する役員です。組織が大きくなり，恒常的に3人以上の理事が置かれるようになると，定款により，取締役会に相当する理事会を置くことができます。同様に，理事の業務執行を監視する必要が生じたときは，監査役に相当する監事を置きます。

一社の設立費用は合同会社と同程度で株式会社の費用よりも安いのですが，2年に一度役員の変更登記を行うため，一定のランニングコストが発生します。

▶§5 ＿ 株式会社の基本組織

▶▶1＿自由度のある基本組織

❶ **定款自治と組織設計**　上述したように，株式会社は世の中に散在する資金を集めて大きなビジネスをするために考え出された仕組みですから，ある程度の人的規模のある組織をイメージして設計が行われました。古くは，株主は7名以上，資本金は1000万円以上，取締役は3人以上，監査役は必須，と法定されていました。しかし，度重なる法改正を経て，そうした制約は緩和され，現在は会社の基本ルールである定款で相当自由に設計できるようになっています（定款自治）。

❷ **会社における役員や組織**　現在，必須とされるのは，株主総会と取締役1名だけで，従来必要だった代表取締役，監査役，取締役会などは，必要に応じ定款で任意に設置します。また，監査役会，会計参与，会計監査人，社外取締役，社外監査役も同様です。（代表）取締役と監査役，さらに会計参与をあわせて役員と呼びます。

❸ **指名委員会等設置会社**　2002年の改正でアメリカの制度にならって用意され

た指名委員会等設置会社を採用した場合は，取締役会の下に指名・監査・報酬の3つの委員会を置きます。各委員会は，3名以上の取締役で構成され，しかも過半数を社外取締役としなければなりません。監査役（会）の機能は監査委員会に吸収されるため，監査役（会）は設置できません。指名委員会は取締役の選任・解任の議案を，報酬委員会は取締役，執行役の個人別報酬を決める権限を持つ設計になっていて，業務執行を担う（代表）執行役を取締役会が監督する仕組みとなっています。

また，代表取締役に相当する代表執行役，業務執行取締役に相当する執行役をおきます。指名委員会等設置会社は大規模企業向けで，まだ100社程度です。従来型の会社組織とかなり異なる部分があるため，本書では特に必要な場合を除き，指名委員会等設置会社については触れません。

❹ **監査等委員会設置会社**　2014年改正で設けられた機関設計です。取締役会の下に監査（等）委員会を置くことで，監査役（会）の機能は監査（等）委員会に吸収される形になる点，監査（等）委員会は3名以上の取締役で構成され，かつ委員の過半数を社外取締役とする点は，上記の指名委員会等設置会社の場合と同様です。

近年，東京証券取引所が上場企業に社外取締役の選任を要請するようになった（コーポレートガバナンスコード：CGコード）ため，多くの上場企業が，従来の監査役会設置会社からこの監査等委員会設置会社に移行しました。現行のCGコードでは従来の監査役会を置く会社の場合，監査役のうち2名以上，取締役のうち2名以上を社外役員にする必要がありますが，監査等委員会設置会社に移行することで，取締役2名だけ社外役員とすればよいからです。

❺ **企業統治（コーポレートガバナンス）**　これらの一定の役割や責任を持つ人や組織を機関といい，会社経営を行う上で，機関をどのように役割分担させ，あるいは牽制をさせるかを考え，組織運営の最適化を図ることを企業統治（コーポレートガバナンス）といいます。

▶▶2＿会社法が定める従来型の組織

❶ **株主と株主総会**　会社の所有権を均等に小分けにしたものを株式といい，その株式を所有する者を株主といいます。つまり株主は会社の共同所有者です。株主らは年に1回集まり，決算書の提示及び事業報告を受け，会社の重要なことを資本多数決で決めます。この株主の集会を株主総会（単に総会とも呼びます）といいます。毎年定期的に開く総会を定時株主総会，それ以外に重要な事柄が生じたときに不定期に開く総会を臨時株主総会といいます。

総会は会社所有者による意思決定の場で，会社で最高の権限のある組織です。会社に関するいかなる事項も決定できます。ただし，取締役会を置いている場合は，法令や定款に定めのある事項だけを決め，それ以外は取締役会に委ねられます。取

1章＿＿会社法と会社の設立　021

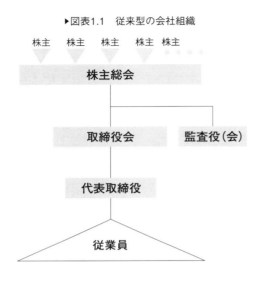

▶図表1.1　従来型の会社組織

締役会を置かない場合でも，総会は年に1回の開催ですから，日常的事項や重要性の低い事項は，総会で選んだ取締役らに委ねます。

❷　**取締役と取締役会，取締役の会議**　以前は，株式会社は比較的大きな規模の事業を想定しており，慎重な意思決定のために，取締役は3名以上で，また，全取締役で構成する取締役会で重要なことを決議させていました。取締役会で互選された者を代表取締役とし，代表取締役に経営状況や課題を取締役会で報告させることで，適切な会社経営を期待していました。なお，この仕組みは現在も残っており，選択可能です（▶図表1.1参照）。

現在の法律では，取締役は1名以上選任すればよく，取締役が1名だけのときは自動的にいわゆる社長となり，その者が会社の業務を執行するとともに，会社を代表して対外的な取引（契約など）を行います。取締役会は，3名以上取締役を選任することを定めている場合に，定款次第で設置できます。ただし，後述のように株式に譲渡制限がない会社や監査等委員会設置会社などの場合は，会社法により設置が義務付けられています。

❸　**代表取締役**　代表取締役は，取締役会（または全取締役の参加する会議）で互選するほか，定款の定めに従い株主総会で決めることや定款自体に定めることも可能です。その役割は会社の内部の業務を執行し，会社を代表して対外的な取引（契約）を行うことです。多くの場合，社長と一致しますが，複数の代表取締役を選任する場合などは，会長，副社長などの肩書になる場合もあります。

❹　**代表取締役以外の取締役――業務執行取締役，社外取締役，非常勤取締役**　代表取締役以外の取締役の業務は，取締役会（または全取締役の参加する会議）で協議し会社の意思決定に参加することや，他の取締役の業務執行が適切かどうかを監督することです。また，定款の規定や取締役会等の決議などに従い，社長のもと，取締役が会社の方針や目標に従った具体的な活動を行うこともあります。この取締役をとくに業務執行取締役と呼びます。

取締役の重要な役割に，他の（代表）取締役の業務執行を監督することがありま

すが，通常代表取締役（社長）の権限が大きく，実際にはその他の取締役が社長の監督を行うことは困難です。そこで，2021年改正会社法では，その監督機能の強化のため，一定規模の会社には社外取締役の選任が義務付けられました。社外取締役は，現にその会社や子会社の業務執行取締役や従業員等でなく，かつ，就任前10年間にそのような地位になかった者から選任します。

代表取締役や業務執行取締役はほとんどの場合，常勤であるのに対し，その他の取締役は非常勤であることが一般的です。前者を常勤取締役，後者を非常勤取締役と呼びます。

❺　**監査役と監査役会**　　監査役は，取締役会を置く会社で設置されます。（代表）取締役等の業務が法令や定款，過去の株主総会決議に照らし適法に執行されているかを監視，監督する役員で，株主総会で選任されます。監査役は決議には加わりませんが，取締役会に出席し協議に参加できます。

（代表）取締役が法令や定款等に違反して会社に損害を与える時は，民事訴訟で監査役が会社を代表し，それらの取締役の責任を追及します。違法行為をした(代表)取締役自身やその同僚の立場にある他の取締役には，厳正な責任追及を期待できないからです。

資本金5億円以上または負債200億円以上の会社を会社法上の大会社と呼びますが，そこでは，監査役を3名以上選任し，全監査役をメンバーとする監査役会を設置します。ただし，大会社であっても，監査等委員会設置会社等には監査（等）委員会がありますので，監査役（会）を置きません。監査役にも取締役同様，常勤監査役，非常勤監査役，社外監査役などがあります。

❻　**その他の会社の機関──会計参与，会計監査人**　　監査役の仕事の中で，会計を点検することは重要ですが，非常に大きな会社の決算になると帳簿は大変複雑になるので一般の人では十分な点検ができません。そこで会社法上の大会社では会計のプロの会計監査人（公認会計士等）を選任します。

そこまで大きくない会社であっても適切な決算書を作成することは株主のみならず債権者のためにも有用ですから，中小企業向けには，会計のプロ（公認会計士または税理士等）が会計参与という役員となり，決算書を作る仕組みが用意されています。

❼　**まとめ**　　このように定款次第で様々な組織形態を設計できますが，具体的に会社の設立を検討するときには，専門家（司法書士や税理士等）に相談し，会社の事業内容や規模，人員の状況に応じて，会社の機関を設計することが重要です。

また，会社にとって大切な存在である従業員が登場していないことに気づいたでしょうか。会社法の考え方によると，従業員は会社の構成メンバーではなく，あくまで会社外部の存在なのです。

1章＿＿＿会社法と会社の設立　023

▶§6 __ 会社の設立手続

▶▶1__定款の認証

　会社を興そうとする人あるいはグループが発起人となり，どのような会社を設立するかを決めます。それをまとめたものが定款です。設立する会社にとって最も大事なルールであり設計図ともいえます。会社設立時の定款を原始定款といいます。

　定款は会社の基本となるルールですから，違法な記載がないよう公証役場で認証を受けます。公証役場というのは，裁判官，検察官等の経験者から法務大臣に任命される公証人が執務する事務所です。

▶▶2__設立時に決めること

❶　**商号（社名）──屋号との違い**　設立する会社に名前（商号）を付ける必要がありますが，株式会社の場合は，社名の前または後に「株式会社」をつける必要があります。合同会社その他の法人においても同様です。以前は，限られた日本文字しか使えないなど制限があり，「キヤノン」「京都セラミック」といった表記になった時代もありましたが，現在は，アルファベットのほか，「＆」（アンド）や「−」（ハイフン）などの記号も使えるようになりました。しかし，外国文字や記号を自由に使えるわけではないため，司法書士や法務局に事前相談した方がよいでしょう。大変長い社名や難解な漢字，スペルを用いた社名にすると，飲食店などで領収証を切ってもらう時など日常的に不便が生じます。

　商号に似たものに屋号があります。屋号はお店やビジネス，ブランドの名前であり，商号と同じにする必要はありません。例としては，UNIQLO（ユニクロ）の屋号を営む会社の商号は㈱ファーストリテイリングです。1つの会社で，異業種の事業を営む場合には，屋号をうまく活用することが大事です。

❷　**事業目的**　会社が行う事業の種類を箇条書きにし，事業目的として登記に記載します。登記とは，会社を含む法人に関することなど，一定の公益性のある事項を公示する制度です。会社は定款の目的に記載した事業しかできないことになっており，将来，営むかもしれない事業項目も書き入れておくほか，「前各号に付帯関連する一切の事業」の一文を添えることで，目的の記載漏れを回避するのが一般的です。設立ののち，目的を追加することもできますが，登記の変更になるため3万円以上の費用がかかります。

　建設業や飲食業など行政の許認可が必要な事業を予定している場合には，設立登記の専門家である司法書士だけでなく，その許認可の申請を担当する行政書士にも

024　第Ⅰ部____企業法制と財務（ファイナンス法務）の基本をつかむ

目的の記載内容について事前に確認をとる方が安全です。事前の相談が困難な時は，すでに同業を営む会社を見つけ，定款の目的を書き写すのが賢明です。行政機関は先例主義に立つことが多いからです。

❸ **本店所在地**　　本店所在地は会社の住所です。具体的な場所を決める必要がありますが，定款には具体的な住所地を記載せず，最小行政区画を記載する方がよいでしょう。会社設立後に事業所を移転するとき，同一行政区画内での移転なら定款の変更が不要だからです。

❹ **資本金**　　発起人は当然に株主になりますが，その出資だけでは資本金の額に足りない場合は，定款を基に株主になってくれる人を探し必要な資金を集めます。株主が提供する資金は原則として会社の資本金となります。会社の資本金は大きいほど，事業は安定的に行えますが，資本金等の額を基準にして課税される住民税（均等割り）があるため，1000万円を超える金額にするかどうかは，慎重に考えるべきです。資本金等の額が1000万円以下の均等割りは毎年7万円程度ですが，1000万円を超えると18万円程度に上がるからです。

　株主から集めた資金は原則資本金になりますが，半分までは資本準備金という形にして，資本金にしないことも可能です。しかし，資本準備金も資本金「等」に含まれるので，この方法で，均等割りの増加を免れることはできません。

　現在，資本金は1円でも会社を起こせますが，登記に記載され，非常に小さい会社に見えます。対外的な信用を考えるなら300万円は用意した方がよいでしょう。業法の許可の関係で，一定の資本金を要求される場合もあり，例えば建設業では500万円以上用意した方がよいでしょう。

❺ **発行済み株式総数と発行可能な株式総数**　　株主から集める資本金に対し，実際に何株を割り当てるかは，定款で自由に設定できます。株式は会社の所有権を均等に小分けにした権利であり，どれだけ細分化するかは自由に決められます。株主が引き受けた株式数は，設立時の発行済み株式総数となります。

　これに対し，発行可能株式総数とは，定款や登記を変更せずに発行できる株式の上限数です。つまり，発行可能株式総数から現時点の発行済み株式総数を差し引いた株数の範囲内で，新株発行による資金調達の権限が，取締役会等に委ねられます。所有と経営が一致している場合は，取締役会等の暴走の心配はないので，発行可能な株式総数を大きく設定しておけば，スピーディな資金調達が可能です。

❻ **役員の人事**　　選択した会社の組織形態にあわせ，取締役や監査役を引き受けてくれる人を確保します。会社と役員の関係は，（準）委任契約とされていて，労働者との契約である雇用契約とは質が異なります。委任契約の場合，雇用契約のように指揮命令を受けることはなく，自身の裁量で仕事をしますが，契約相手である会社のために相当の注意を払う義務があります。法律上は「善良な管理者が払う注

意義務」（ぜんかん注意義務）と呼びます。また，役員は自己の利益よりも依頼者である会社の利益を優先する義務（忠実義務）や会社の事業と同種の事業を営まない競業避止義務（きょうぎょうひし）なども負います。

❼　**株式の譲渡制限**　　上述（▸§2 ▸▸4自益権）の通り，株主は出資の払い戻しを受けられない代わりに，株式を自由に売却できるのが原則（株式譲渡自由の原則）です。そうすると反社会的勢力などが株主になることも想定されるため，会社は譲渡先を制限することができます。譲渡先を承認する権限は，定款により，総会，取締役会，代表取締役など委ねられます。また，譲渡制限は，株主や株主になろうとする者に大きな影響があるため，社外の人からも分かるように登記事項とされています。なお，上場会社は株式に譲渡制限をかけることはできません。

❽　**決算日**　　会社の事業は途切れなく営まれますが，通常１年に１度決まった日を決算日として定め，決算日までの１年間の業績や決算日における財産の状態を，（代表）取締役は株主に報告します。法人の決算日は自由に設定することができますが，次の点に注意する必要があります。

（1）　決算日は，月の末日とすることが多く，まれに20日を決算日にすることがあります。その他の日を決算日とすると，決算後の書類の準備や監査日程，総会の招集通知，総会の会日，申告納税などのスケジュールが分かりにくくなるため，避けた方がよいでしょう。

（2）　決算日は利益の出る繁忙期の直前とするのが経済合理的です。繁忙期の大きな利益を確認し，１年弱の期間で利益対策を検討できるからです。

（3）　重要な取引先の決算日と異なる日を設定することで，取引先の決算対策によるイレギュラーな取引の影響を回避できます。実務的には決算日は月数の数えやすい３月，６月，９月，12月の末日が選ばれることが多いようです。

なお，定款変更をすれば，決算日も変更できますが，決算の手間が余分に生じたり，決算書の内容を過年度と比較しにくくなったりします。

▸▸3＿法務局での登記申請

その他設立に必要な事項を決め，法務局に登記を申請します。登記申請の代理人は司法書士です。登記の申請をして完了するまでわずか10日程度です。

登記が完了すると，法務局で登記事項証明書や印鑑証明書の交付が受けられます。こうした行政発行の証明書があるため，目には見えない会社が実際に存在すると取引相手に信じてもらえるのです。

ちなみに，登記事項証明書は以前，登記簿謄本（とうきぼとうほん）と呼んでいたため，今なお「とうほん」と呼ばれることがあります。

第Ⅰ部＿＿企業法制と財務（ファイナンス法務）の基本をつかむ

▶▶4__設立費用

　会社の設立手続は年間10万件あまり行われており，ネット上に存在する法人設立に専門特化した司法書士や行政書士に依頼すると，株式会社の場合は23万円程度，合同会社や一般社団法人は10万円程度で設立できます。ただし，設立登記を専門としない街の司法書士に依頼すると，株式会社で30万円を超える場合もあります。

2章 __ 複式簿記と会計

▶§1 __ 複式簿記と株式会社の沿革

　株式会社の起源は，1602年のオランダ東インド会社といわれます。これに対し，複式簿記は諸説ありますが14世紀にイタリアで生まれたようです。

　15世紀，ヨーロッパは大航海時代に入り，航海技術が進歩し，遠くアフリカやインドや新大陸アメリカに船を出せるようになります。様々な品物を積み，それを遠い異国の地で売却し，得られたお金で現地の珍しい物を買い，出発した港に帰ります。船が無事に戻ると，異国の品物を売り，莫大な利益が得られます。しかし，海賊や難破で船が戻らないリスクも小さくありません。

　当初は王侯貴族がスポンサーになり，船団を組みましたが，その大きな利益に引き寄せられ，複数の大商人が資金を出し合い，船団を送るようになります。船が戻ると品物も船も全て売却し，それを出資者に分配しました。

　船が帰るたびに船まで売るのは大変な無駄ですから，次第に，戻った船を再利用し，船団を組みなおすようになります。継続した事業が，株式会社へと発展しました。その都度，解散していた時には必要性が乏しかったのですが，船を再利用するようになると，出資した商人にいくら分配してよいのか儲けを正確に計算する技術が必要になり，複式簿記の普及につながりました。

　このように，株式会社の制度と複式簿記の計算方法とは，共に発展してきた歴史があります。この章では，複式簿記とその成果物である決算書について学びます。

▶§2 __ 複式簿記における帳簿組織

▶▶1__単式簿記——おこづかい帳の問題

　複式簿記の対義語は単式簿記であり，その代表例は，おこづかい帳です。おこづい帳は現金の出し入れと現在の残高を把握するうえで有用な帳簿といえ，複式簿記を採用する会社でも現金出納帳の名で用いられています。

　おこづかい帳の限界は，次のケースで現れます。同じ現金支出の取引，同額の現金残高であっても，銀行に預けた場合と競馬で負けた場合とでは，両者の経済状態

028　第Ⅰ部____企業法制と財務（ファイナンス法務）の基本をつかむ

は全く異なります。事業を行う上で，現金以外の財産の状態やマイナスの財産である負債の状態を常に把握しておきたいという要望が生じます。この要望に応えるため開発された帳簿作成の技術が複式簿記です。

▶▶2__複式簿記——お店の取引①

　複式簿記とは，プラスの財産である資産やマイナスの財産である負債の増減，あるいは，収益や費用・損失の発生を一定の規則に従って記録計算し，ある時点の財産の状況とその時点までの一定期間の業績を示す試算表を作成する仕組みをいいます。しかも，同時に各種の資産，負債，収益，費用・損失の内訳を示す帳簿（総勘定元帳）を作成します。

　おこづかい帳（単式簿記）の弱点を複式簿記がどの様に克服しているか，実際に見てみましょう。古本屋で商品となる古本を仕入れ，ネットで転売する商売を「せどり」といいます。せどりを始めた事業者の取引を見てみましょう。

> ①　５月１日　せどりの元手として10,000円のお金を用意しました。
> 仕訳：5/1　現金　10,000　資本金　10,000

　お金をはじめ資産のホームポジションは，簿記の世界では左です。資産が増えると，増えた資産を左に，右側には，元手を示す資本金を置きます。資本金はめったに登場しません。右に置くと考えておきましょう。この「現金」や「資本金」などお金の内容を示す見出しあるいはタイトルを，会計の世界で勘定科目と呼びます。

　なお，本書では，ホームポジションという語を各勘定科目が通常あるべき位置という意味で用いていますが，専門用語ではありません。ホームポジションには「右」と「左」の２つがあります。

> ②　５月３日　古本屋で１冊100円の本を40冊，現金で仕入れました。
> 仕訳：5/3　仕入　4,000　現金　4,000

　②の取引はどうでしょうか。4,000円の現金を支出し，手元から減少しています。資産が減少しているため，ホームポジションの反対側，つまり右側に現金を置きます。空いた左側に仕入を入れます。仕入のホームポジションも左側です。

　ホームポジションの左右は，複式簿記の成果物である試算表を作成する際，それぞれの勘定科目を左右のどちらに配置するかに由来します。資産，費用・損失は左，負債，純資産，収益は右がホームポジションです。

2章____複式簿記と会計　029

③　5月3日　額面120円の郵便切手を5枚購入しました。
仕訳：5/3　通信費　600　現金　600

　では，③の取引はどう理解すればよいでしょうか。現金が支出されており，②と同様，右に現金を，空いた左側に通信費を入れます。しかし左に「切手」と入れるべきではないか，という考えも必ずしも間違いではありません。
　通信費は仕入と同様，費用を示す勘定科目ですから，ホームポジションは左です。そして，切手を資産と考えれば，やはり切手のホームポジションは現金と同じ左です。
　ここが初心者のつまずきやすいポイントです。プラスのイメージの資産とマイナスのイメージの費用・損失のホームポジションが両方とも左側です。

④　5月5日　仕入れた本がネットオークションで，2冊，1,300円で売れ，発送しました。
仕訳：5/5　売掛金　1,300　売上　1,300

　無事に仕入れた本が売れました。しかし，売上代金はオークションサイトからすぐには入金されません。モノは販売したが代金が入ってくるのを待つ状態を売掛けといい，売上代金を受け取れる権利を，売掛金と呼びます。売掛金は間もなくお金になる資産ですから，ホームポジションは左です。空いた右側に売上を入れます。売上は収益の代表例で，ホームポジションは右になります。仕入の反対と考えれば，売上のホームポジションが右なのは理解しやすいでしょう。

⑤　5月10日　銀行口座を開設し，3,000円を入金しました。
仕訳：5/10　普通預金　3,000　現金　3,000

　オークションサイトからの売掛金を受け取るため，銀行口座を開設しました。現金が減少しているため，ホームポジションの反対側，つまり右に現金を置きます。普通預金の残高が3,000円に増えているため，左に普通預金を入れます。普通預金も資産ですから，ホームポジションは左です。

⑥　5月11日　友人が訪ねてきて，在庫の本の中から3冊1,500円で譲ってほしいとのことでした。持ち合わせがなく，来月お金と引き換えに本を渡すと約束し，契約書を交わしました。

最後に，少し意地の悪い問題を用意してみました。どう考えたらよいでしょうか。④と同様に，5/11　売掛金　1,500　売上　1,500と考えるかもしれません。たしかに，契約書を取り交わしており民法によると，本を引き渡す義務（債務）を負うと同時に，代金を受け取る権利（債権）を得ています。

しかし，会計の世界では契約を結んだだけでは売上を計上することはできず，売主としてなすべきことを完了した時点で計上します（実現主義）。したがって，⑥のケースでは，商品を引き渡していないため売上は計上できず，「5/11　仕訳なし」とするのが適切です。

このように，会計処理が必要になる取引（会計取引）は，民法の契約と少し異なるため注意が必要です。例えば，事業で利用していた倉庫建物が焼失した場合，法律の世界では，何も法律行為は行われていませんが，倉庫がなくなっているため会計取引が認識され，火災損失　××　／建物　××といった会計処理を入れます。

☕コーヒーブレイク2.1＿借方（かりかた）と貸方（かしかた）

　会計業界の人間は，左のことを借方，右のことを貸方と呼びますが，その呼び方に意味があるわけでもなく，どちらかというとヨーロッパから輸入したときの誤訳という説もあります。そこで本書では右，左で説明しています。「貸し」と「借り」に何かの意味があるのではと思うかもしれませんが，意味はありません。覚えるなら，ひだ「り」は「り」が付くから，か「り」方と覚えましょう。

　ちなみに，船乗りが船を操縦するときに，「面舵いっぱい」と言います。面舵は右，取舵は左。ここでも「り」の付く方が左ですが，全くの偶然です。

▶▶3＿データベースとしての仕訳帳

先ほど，会計取引を基に会計処理を入れましたが，それを書き出すと，次の表のようにすっきり整理された形になります。

番号	日付	勘定科目	金額	勘定科目	金額
①	5/ 1	現金	10,000	資本金	10,000
②	5/ 3	仕入	4,000	現金	4,000
③	5/ 3	通信費	600	現金	600
④	5/ 5	売掛金	1,300	売上	1,300
⑤	5/10	普通預金	3,000	現金	3,000

この5つの1行1行を仕訳といい，仕訳を綴った帳簿を仕訳帳といいます。パソコンに興味のある人は気が付くかもしれませんが，仕訳帳はパソコン用語でいう

2章＿＿＿複式簿記と会計 ｜ 031

データベースに非常に似ています。

　データベースに慣れた人だと，金額の欄が左右２つも要らないのではないかと思うかもしれません。この疑問は本質を突いており，この５つの仕訳だと，どちらか一方で問題ありません。しかし次のケースはどうでしょうか。

▶▶4＿複合仕訳──お店の取引②

　⑦　６月10日　オークションサイトから売上金1,300円が精算され，５％のサイト利用の手数料65円が差し引かれ，1,235円が普通預金口座に入ってきました。

```
仕訳：6/10　（諸口）                        売掛金　1,300
          普通預金        1,235
          支払手数料         65
```

　従来，この会計取引に対し，上記の仕訳を起こすことが適切とされてきました。左右のどちらか，あるいは両方ともに，複数の勘定科目が存在するケースがあり，複合仕訳と呼びます。この単純ではない仕訳が存在するため，左右の数字を省略できません。しかも，この複合仕訳は，仕訳帳のデータベースとしての性格を壊します。データベースは空欄を嫌うからです。

　そこで，複合仕訳を無理やりデータベース化する方法が考え出されました。⑦の仕訳の左右に空欄が起きないようにするにはどうしたらよいでしょうか。

```
仕訳：6/10　普通預金      1,300      売掛金      1,300
仕訳：6/10　支払手数料       65      普通預金       65
```

　このように普通預金を実際とは異なる動きに見立て，仕訳を起こすという案ですが，預金通帳のお金の流れと一致せず，気持ち悪いという問題が生じます。そこで，パソコン会計では，次のような処理をします。売掛金，普通預金，支払手数料すべての相手勘定に同額のシステム諸口という勘定を置きます。

```
仕訳：
6/10　システム諸口　1,300      売掛金        1,300
6/10　普通預金      1,235      システム諸口   1,235
6/10　支払手数料       65      システム諸口      65
```

　パソコン会計で，「システム諸口」という架空の勘定科目が誕生し，簿記は一段の進化を見せたのです。

▶▶5__仕訳から決算書へ──帳簿組織

ここまで，①会計取引を見つけ，②仕訳を起こす，③仕訳を積み上げたものが仕訳帳であるところまで説明しました。ここから，④仕訳帳を基に「転記」という作業を行い，その結果，⑤総勘定元帳（単に元帳ともいいます）を作成します。⑤総勘定元帳の残高を拾い，ホームポジションに並べて出来たものが，試算表であり，⑥試算表を，2つに分離し，きれいに並べたものが「BS（貸借対照表）」と「PL（損益計算書）」という決算書です。「BS」と「PL」は複式簿記の最終成果物です（▶§4参照）。

▶▶6__転記と元帳

★の①から⑤の仕訳を総勘定元帳に転記してみましょう（▶図表2.1）。さらに，元帳の残高を拾い，試算表（▶図表2.2）を作成します。

▶▶7__個別論点──棚卸し

▶図表2.2のように試算表ができましたが，これを，BSとPLに分けると▶図表2.3のようになります。業績を示すPLを見てみましょう。売上が1,300円しかないのに，仕入が4,000円，その他の経費が600円も発生して，3,300円もの赤字（損失）になっています。1冊100円で仕入れた本を2冊1,300円で販売したのに，こんなに損失が出るのは，どこか間違えています。正しい会計処理としては，5月31日に棚卸しを行い，売れ残っている在庫を費用から資産に振り替える必要がありました。棚卸しの仕訳を考えてみましょう。

まず，棚卸しで見つかった商品があります。商品は，財産ですから，ホームポジションは左です。左に棚卸商品を，右には，先に仕入れた4,000円が過大計上だったわけですから，仕入とします。この仕訳で，売れ残った3,800円分の本を，仕入れから棚卸商品に振り替えることができます。

> 仕訳：⑧　5/31　棚卸商品　3,800　　　仕入　3,800

振替の結果を（▶図表2.1転記と元帳）の仕入と棚卸商品の元帳に転記し（▶図表2.1），仕入元帳を締めます。左側は4,000円，右側は3,800円ですから，大きい方の4,000円に数字を合わせ左の合計欄に4,000円と入れ，右側で発生する200円の差額に次月繰越と付け，試算表に送ります。この仕訳により，売上は1,300円，仕入は200円，通信費600円と計算され，利益は500円となります。

2章___複式簿記と会計　033

▶図表2.1　転記と元帳

現金（元帳）

①	5/1	資本金	10,000	②	5/3	仕入	4,000
				③	5/3	通信費	600
				⑤	5/10	普通預金	3,000
					5/31	次月繰越※	2,400
	計		10,000		計		10,000

※図表2.2の「現金」へ

普通預金（元帳）

⑥	5/10	現金	3,000		

売掛金（元帳）

④	5/5	売上	1,300		

棚卸商品（元帳）

⑧					

仕入（元帳）

②	5/3	現金	4,000	⑧			
	計				計		

通信費（元帳）

③	5/3	現金	600		

資本金（元帳）

				①	5/1	現金	10,000

売上（元帳）

				④	5/5	売掛金	1,300

▶図表2.2　試算表（TB）

試算表（TB）

現金※	2,400	資本金	10,000
普通預金	3,000	売上	1,300
売掛金	1,300		
棚卸商品	0		
仕入	4,000		
通信費	600		
計	11,300	計	11,300

※図表2.1　現金（元帳）の「次月繰越」より

▶図表2.3　BSとPL

貸借対照表（B/S）
5月31日現在

現金	2,400	資本金	10,000
普通預金	3,000	利益剰余金	△ 3,300
売掛金	1,300		
資産合計	6,700	純資産合計	6,700

損益計算書（P/L）
自　　5月 1 日
至　　5月31日

売上高	1,300
仕入	4,000
売上総利益	△ 2,700
通信費	600
営業利益	△ 3,300
経常利益	△ 3,300
当期純利益	△ 3,300

▶▶8＿個別論点──減価償却

⑨　せどり商売が順調にいき，6月1日に古本を運ぶため，新車の軽トラックを144万円で購入しました。
仕訳：⑨　6/1　トラック　144万円　　現金　144万円

　トラックは財産であることは間違いありませんが，何年か乗ると使えなくなります。また，財産が大きいのは喜ばしいことですが，（必要）経費にならないと税金が高くつきそうです。そこで考え出されたテクニックが「減価償却」です。会計の世界では，この手法を用い，長期に使用できる「資産」を「費用」に変えていきます。減価償却には，いくつか方法がありますが主に用いるのは，定額法と定率法です。ここでは，定額法を解説します。

　定額法とは，固定資産の取得価額（購入価格等）をその固定資産が経済的に使用できる期間（耐用年数）にわたり，均等に費用化する方法です。軽トラックの耐用年数は，4 年（＝48か月）と税法で定められています。144万円÷4 年，さらに12か月で割ると，1 か月の減価償却費が3 万円と計算できます。毎月3 万円ずつ経費にしたらよいのです。

2章＿＿複式簿記と会計 | 035

これを仕訳で表すと，減価償却費 30,000円　トラック　30,000円になります。減価償却費は費用でありながら，お金が出ていかないという特徴を有します。会計の世界には，こうした経費や損失がいくつかありますが，金額的にも重要で頻出するのが減価償却費です。非常に重要な会計のテクニックです。

☕コーヒーブレイク2.2＿経理担当者による横領事件と不正の温床

　時折り，ニュースで経理担当者による巨額の資金横領事件が報道されます。経理を信頼できないと起業家は営業や開発に専念できません。こうした経理担当者による不正を防ぐには，会計伝票と資金の管理を同一人物に任せないことが基本です。これを相互牽制といいます。経理に2名も配置できないときは，社長が資金管理を行うことが一般的です。また，長期間同じポストに配置するのはリスクがあり，配置転換が有効です。これにより，不正の機会を減らすことができます。しかし，会社が小規模ですとなかなかうまくいきません。

　資金の横領に限らず，不正行為が発生する背景には，①動機，②機会，③正当化の3つの要素が存在します。

　①経理担当者が不正を行う動機は，個人でのギャンブル，株式投資の損失，遊興費の捻出など不正を行う者の事情で，なかなか会社側からそれを見抜くことは容易ではありません。

　②不正の機会には，権限が1人に集中し，相互牽制がきいていない場合や物品管理の体制が甘く，なくなっていても誰も気づかない場合などがあります。

　③最後に正当化ですが，会社が脱税や粉飾などの不正経理を行っており，その不正行為を経理に強要しているケースや社長自身が会社の資金を私的流用しているケースなど，社内に遵法意識が希薄であることが挙げられます。

　不正の予防には，社風の改善，相互牽制が効く社内体制の整備と定期的な見直し，不適切な状態の早期発見，従業員との定期的な面談が有効です。

▶§3 ＿ 会計基準

▶▶1＿会社法と会社計算規則

　会社法431条に「株式会社の会計は，一般に公正妥当と認められる企業会計の慣行に従うものとする」と定めがあるほか，法律の下位のルールである会社計算規則に一定の規定が置かれています。また，上場企業に適用される金融商品取引法の下位のルールとして財務諸表等規則などがあります。

▶▶2＿準拠するルール

　会社法が定める「一般に公正妥当と認められる企業会計の慣行」としては，企業

会計原則が代表例です。企業会計原則は，1949年に大蔵省の調査会が制定した複式簿記を前提とする会計基準です。1982年を最後に改正されておらず，実務上は使えない基準ですが，会計に関する心構えや重要な原則がコンパクトにまとめられているため，今なお中級者が学ぶバイブルです。

上場企業における会計慣行は，企業活動のグローバル化に伴い国際会計基準や米国会計基準などの状況を踏まえつつ，日本公認会計士協会（会計士協会）が委員会報告という形で膨大なルールを公表，日々改正されています。

▶▶3__中小企業の会計基準

上場を目指さない街の中小企業には，会計士協会の発表する上場企業における会計慣行は厳格すぎて適用できません。かといって改正の行われない企業会計原則では現代社会に対応できません。そこで，2005年に会計士協会や日本税理士会連合会などが協力して，日本の中小企業でも適用できる会計基準を制定しました。それが，中小企業の会計に関する指針（2023年最終改正）です。街の税理士でも読みこなせる60ページ余りのルールです。しかし，この指針に準拠した会計を行っている中小企業は必ずしも多くありません。

多くの中小企業は，法人税や消費税の計算を簡便に行うことを主眼とした会計処理を行っており，これを税務会計と呼びます。

▶ §4 __ 決算書──BS（貸借対照表）と PL（損益計算書）

▶▶1__上場企業の決算書とBS

❶ 上場企業のBS 複式簿記の成果物であるBS（貸借対照表：Balance Sheet）とPL（損益計算書：Profit & Loss Statement）を実際に見てみましょう。▶図表2.4は，株式会社O社の2022年3月期のBSです。上場会社のBSとあって，親切に2年比較になっています。表題の第85期の下のところに「2022年3月31日現在」と記載があり，BSは決算日その時点の会社の状態を表現した決算書であることが分かります。

❷ BS2期比較と資金の流れ BSは2年比較すると，お金の流れが見え，興味深いものです。▶図表2.4ではBSの左上に，資産の部「現金及び預金」が前年1300億円から当年700億円に約600億円減少しています。これに対し，右中ほどに負債の部合計があり，前年2300億円が3200億に約900億円増えています。その要因は短期借入金と関係会社短期借入金の増加800億円です。借金が800億円増え，現金預金が600億円減るという普通の会社なら心配な状態です。

また，左側の下から10行目くらいに関係会社株式があり，前年の1600億円から

2章___複式簿記と会計 | 037

▶図表2.4 株式会社O社のBS

── | 計算書類 |──────────────────────────

貸借対照表
(単位：百万円)

期 別／科 目	第85期 (2022年3月31日現在)	(ご参考) 第84期 (2021年3月31日現在)
資産の部		
流動資産	189,913	232,127
現金及び預金	72,914	135,621
受取手形	145	238
売掛金	60,679	50,563
商品及び製品	7,883	8,362
原材料	10,556	4,340
仕掛品	3,057	2,911
貯蔵品	254	419
関係会社短期貸付金	3,583	11,560
未収入金	12,020	9,456
その他の未収入金	5,235	4,408
その他	13,587	11,099
貸倒引当金	△ 0	△ 6,850
固定資産	416,569	305,615
有形固定資産	45,851	42,472
建物	23,665	22,562
構築物	921	973
機械装置	4,268	2,971
車両運搬具	0	0
工具器具備品	3,563	2,794
土地	12,025	10,980
リース資産	889	1,629
建設仮勘定	520	563
無形固定資産	20,669	15,137
ソフトウェア等	14,551	8,377
技術資産	6,118	6,760
投資その他の資産	350,049	248,006
投資有価証券	33,202	27,329
関係会社株式	259,737	168,165
その他の関係会社有価証券	500	―
関係会社出資金	22,837	22,837
関係会社長期貸付金	3,091	1,032
破産更生債権等	6,441	―
敷金及び保証金	4,647	4,653
前払年金費用	17,463	15,746
繰延税金資産	6,172	6,355
その他	1,683	1,903
貸倒引当金	△ 5,724	△ 14
資産合計	606,482	537,742

期 別／科 目	第85期 (2022年3月31日現在)	(ご参考) 第84期 (2021年3月31日現在)
負債の部		
流動負債	319,763	230,196
支払手形	6,523	4,590
買掛金	37,373	30,743
短期借入金	20,000	―
関係会社短期借入金	220,563	168,188
リース債務	895	726
未払金	12,879	10,278
未払費用	12,421	11,789
未払法人税等	1,774	606
前受金	17	55
預り金	1,147	1,004
役員賞与引当金	295	132
株式給付引当金	113	―
その他	5,763	2,085
固定負債	9,560	8,630
リース債務	―	914
株式給付引当金	1,113	2,111
再評価に係る繰延税金負債	957	957
長期前受金	2,649	―
その他	4,841	4,648
負債の部合計	329,323	238,826
純資産の部		
株主資本	266,887	291,241
資本金	64,100	64,100
資本剰余金	88,771	88,771
資本準備金	88,771	88,771
その他資本剰余金	0	0
利益剰余金	168,621	163,184
利益準備金	6,774	6,774
その他利益剰余金	161,847	156,410
配当積立金	3,400	3,400
特別勘定積立金	1,177	1,177
別途積立金	73,500	73,500
繰越利益剰余金	83,770	78,333
自己株式	△ 54,605	△ 24,814
評価・換算差額等	10,272	7,675
その他有価証券評価差額金	15,746	12,355
繰延ヘッジ損益	1,160	△ 366
土地再評価差額金	△ 4,314	△ 4,314
純資産の部合計	277,159	298,916
負債・純資産合計	606,482	537,742

(注) 記載金額は百万円未満を四捨五入して表示しています。

2500億円に約900億円増えています。

　これらから推測すると，同社グループ内での組織再編か，他社の買収などがうかがわれます。ニュースを検索すると2022年2月に上場企業の医療データを扱う会社の株式33％を1100億円で取得する業務提携が発表されており，これが原因にあたると読めるわけです。

▶▶2＿PLと段階利益

❶ **報告式のPL** ▶図表2.5は，O社のPLです。左右に並べるBSと異なり，PLは報告式という上から下に書き並べる形式をとることが一般的です。

冒頭の第85期の記載の下に「2021年4月1日から2022年3月31日まで」とあります。PLは決算日に至る1年間の業績を示し，決算日時点の状況を示すBSとの大きな違いになります。

038　第Ⅰ部＿＿企業法制と財務（ファイナンス法務）の基本をつかむ

▶図表2.5　株式会社O社のPL

損益計算書

(単位：百万円)

期別 科目	第85期 (2021年4月1日から 2022年3月31日まで)	(ご参考) 第84期 (2020年4月1日から 2021年3月31日まで)
① **売上高**	**310,989**	**258,494**
売上原価	188,878	158,231
② **売上総利益**	**122,111**	**100,263**
販売費及び一般管理費	101,499	93,997
③ **営業利益**	**20,612**	**6,266**
営業外収益	**25,699**	**20,842**
受取利息及び配当金	22,613	17,384
為替差益	549	1,018
その他	2,537	2,440
営業外費用	**4,227**	**3,546**
支払利息	2,480	1,496
売上割引	—	639
子会社有償減資払戻による為替差損	1,049	—
支払手数料	31	376
支払和解金	—	844
その他	667	191
④ **経常利益**	**42,084**	**23,562**
特別利益	**1,748**	**242**
固定資産売却益	7	34
投資有価証券売却益	601	1
関係会社株式売却益	—	199
貸倒引当金戻入額	1,140	—
その他	—	8
特別損失	**18,262**	**7,746**
固定資産売却及び除却損	311	110
減損損失	407	1,976
関係会社株式売却損	592	4,222
関係会社株式評価損	16,811	—
貸倒引当金繰入額	—	1,080
その他	141	358
⑤ **税引前当期純利益**	**25,570**	**16,058**
法人税、住民税及び事業税	3,276	162
法人税等還付税額	—	△ 1,572
法人税等調整額	△ 956	△ 1,035
⑥ **当期純利益**	**23,250**	**18,503**

(注) 記載金額は百万円未満を四捨五入して表示しています。
(出所) BS, PLとも株式会社O社の株主総会招集通知より。

❷　**売上高と段階利益**　　PLは①売上高から始まり，様々な利益が表示されます。売上高は，年商ともいいます。②売上総利益は，売上高を上げるのに直接要した仕入や製品の製造原価などを差し引き計算され，粗利と呼ばれます。さらに，人件費や諸経費を差し引き，③営業利益が計算されます。営業利益は本業での利益です。会社の資金調達によるコストや余剰資産の運用益などを含みません。

　これに対し，④の経常利益は銀行への支払利息や本業以外の余剰資産から得られる運用益を加減算した利益です（経常利益の通称は「けいつね」です。「計上」という言葉と取り違えられないようにするためです）。

　経常利益に臨時的でかつ巨額な損益項目を加減算し，⑤税引き前当期純利益が計算されます。「ぜいまえ」と呼ばれます。臨時巨額な損益の例としては，本社ビルを売却して大きな利益が出た場合や，創業者に多額の退職金を払って大きな損失を計上した場合などが挙げられます。

⑥最後は当期純利益となります。法人税に関連する項目を（加）減算して1年間の最終の利益になります。そのため，最終損益といわれることもあります。また，②売上総利益から⑥当期純利益までの5つの利益を段階利益と呼びます。

❸　勘定科目ではない段階利益　　PLもBSと同様に左右に並べる形式（勘定式）で作成できますが，勘定式のPLは敬遠される理由があります。PLで重要なのは5つの段階利益ですが，これが分かりにくくなるからです。これらの利益項目は特定の勘定科目を加算減算した金額で，それ自体は勘定科目ではないという構造的な問題があります。

▶▶3　決算日とBS・PLの関係

通常，会社は定款で1年のうち特定の日を決算日と定め，その日を区切りとして決算処理を行います。決算日にBSやPLが自動的に出来上がる訳ではありません。決算日前後に，在庫の棚卸しや現金などの実査（有り高を実際に数えること）を行い，必要な情報を収集しつつ決算処理と呼ばれる会計処理をいれます。中小企業であれば，通常25日から50日くらい掛けて決算処理を行い，会社の役員や代表者の承認を得て，場合によっては，同時期に監査役の点検を受け，BS・PLをはじめとする決算書を作成します。決算日から2か月以内に開催される株主総会に提案し，承認を受け決算を確定させる必要があります。この確定した決算に基づき，法人税や消費税の申告を決算日から2か月以内に行います。

上場企業の場合は，監査役の点検のほか，公認会計士等の監査を受けお墨付きを受ける必要があるため，決算日から2か月では間に合わず，3か月以内に株主総会と法人税等の申告を行います。

なお，個人事業主の決算日は12月31日と決まっています。翌年3月15日までに所得税，3月31日までに消費税の申告を済ませます。

3章 税金の計算と税務

▶§1 税金とは

▶▶1 人の活動と税

憲法は国民の三大義務の1つとして納税を課しており（憲法30条），国家や地方自治体の運営は国民が納める税でまかなわれます。税は社会の維持・発展に必要なものです。

とはいえ，事業を営む上で，所得税や法人税は大きな支出であり，直接の見返りがありません。賢い節税は重要なスキルです。この章では，税金の計算過程を大雑把に理解し，顧問税理士と円滑に協議できることを目的としています。

▶▶2 税目と税収の内訳

2023年度の国の税収は（▶図表3.1）のとおり，約72兆円であり，そのうち所得税と消費税がそれぞれ3割強，法人税が2割強という内訳です。この割合はコロナ禍以前と大きく変わりません。現在，日本には約50種類の税金（▶図表3.2参照）があり，法人税や所得税，相続税も含まれますが，中には税理士でも関わったことのない税金もあります。▶図表3.2では，国に納める税金（国税）と都道府県や市区町村に納める税金（地方税）とに分けて示しています。

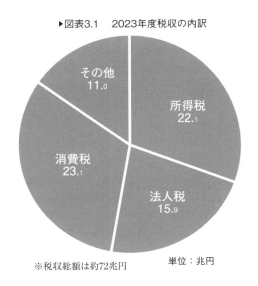

▶図表3.1　2023年度税収の内訳

※税収総額は約72兆円　　単位：兆円

▶図表3.2 税金の種類

	国税	地方税		国税	地方税
所得課税	所得税	住民税	消費課税	消費税	地方消費税
	法人税	事業税		酒税	地方たばこ税
	地方法人税			たばこ税	ゴルフ場利用税
	特別法人事業税			たばこ特別税	軽油引取税
	復興特別所得税			揮発油税	自動車税
	森林環境税			地方揮発油税	軽自動車税
				石油ガス税	鉱区税
資産課税等	相続税・贈与税	不動産取得税		航空機燃料税	狩猟税
	登録免許税	固定資産税		石油石炭税	鉱産税
	印紙税	特別土地保有税		電源開発促進税	入湯税
		法定外普通税		自動車重量税	
		事業所税		国際観光旅客税	
		都市計画税		関税	
		水利地益税		とん税	
		共同施設税		特別とん税	
		宅地開発税			
		国民健康保険税			
		法定外目的税			

（出所）財務省HPより。

▶▶3＿税金計算の基本構造

50種類もある税金にはそれぞれ特徴がありますが，税法を学ぶ時の共通の視点を紹介します。それが，税金の「公式」です。

> 税金の公式：税金＝課税標準×税率

公式の中の「税率」はイメージしやすいものですが，問題は「課税標準」です。課税標準とは，課税の対象となるもの（課税物件）を金額や数量で表したもので，その税法が何をターゲットに税金を課そうとしているのか，という目的を示します。所得税や法人税の課税標準は所得であり，相続税のそれは遺産です。

ここでは，国税の代表例である所得税，法人税，消費税の3税を取り上げ，その計算過程を概説します。

▶ §2 ＿ 所得税の計算過程

▶▶1＿所得税計算の枠組み

所得税の主な計算の流れは次の4つの過程からなります。

042　第Ⅰ部＿＿企業法制と財務（ファイナンス法務）の基本をつかむ

①合計所得の計算　個人の得た収入を給与，事業，不動産（賃貸），配当など10種類に分類し，それぞれ必要経費などを差し引き，10種類の所得を計算し，合計します。合計したものを合計所得と呼びます。

②所得控除の計算　納税者の個人的な事情に配慮するため，社会保険料控除，扶養控除，医療費控除，基礎控除など15種類の所得控除を計算し合計します。

③超過累進税率の適用　①の合計所得から②の所得控除を差し引き，課税所得の金額（課税標準）を計算し，超過累進の税率を適用します。

④税額控除　税額控除は主として政策的配慮で税金を減額する仕組みです。住宅ローン控除や政党寄付金特別控除などがあります。

> 所得税＝（①の合計所得−②所得控除）×③超過累進の税率−④税額控除

この4つの過程は所得税計算の幹ですから，余力があれば覚えましょう。特徴は，②所得控除と④税額控除という2つの控除があることです。控除は，この2つだけではないため，その控除が一体どの段階で適用されるのかわからないという点が所得税の難解なところです。税務署の立場からは，「様々な配慮をし，何段階も控除という引き算を認めているので，不満を言わずに納税してください」という理屈になっています。

「控除」に似た言葉に「減算」があります。どちらも引き算を意味しますが，控除は引き算の結果がマイナスになった場合はゼロとするのに対し，減算はそのままマイナスの値にします。したがって，④の税額控除が大きい数字でも，③までの計算が小さい数字であればゼロとなり，税金の還付は受けられません。

▶▶2__所得税の課税計算の特徴——超過累進課税

所得税の大きな特徴は，超過累進課税という段階的に高い税率が課される点です。(▶図表3.3) に示すように5％から45％まで7段階もあり，次に説明する法人税や消費税とは大きく異なります。なお，個人の所得にかかる税金は所得税だけでなく，

▶図表3.3　所得税の速算表

	所得金額	税率	控除額
①	～　1,950,000	5%	0円
②	1,950,000～　3,300,000	10%	97,500円
③	3,300,000～　6,950,000	20%	427,500円
④	6,950,000～　9,000,000	23%	636,000円
⑤	9,000,000～18,000,000	33%	1,536,000円
⑥	18,000,000～40,000,000	40%	2,796,000円
⑦	40,000,000～	45%	4,796,000円

3章____税金の計算と税務　043

住民税が合計10％かかるほか，事業所得や一定規模の不動産所得には事業税の５％が課税されます。事業計画を立てる際，これらの負担を忘れてはいけません。

> 【例題1】　所得（課税総所得）が350万円の人に掛かる所得税はいくらでしょうか。
> 【答え】　350万円×20％－42万7500円＝27万2500円。これは，所得350万円に対して7.8％に当たります。先ほど説明した通り，これ以外にも事業税5％と住民税10％がかかります。合わせると20％以上の税負担になります。

> 【例題2】　所得（課税総所得）が900万円の人に掛かる所得税はいくらでしょうか。
> 【答え】　900万円×23％－63万6000円＝900万円×33％－153万6000円＝143万4000円。所得900万円との比率でいうと15.9％です。これ以外にも事業税5％と住民税10％がかかるため，合わせると約30％払うことになります。
> 毎年900万円を超える所得になると，法人税の税率の方が低くなるため，法人成りを検討するタイミングです。

☕コーヒーブレイク3.1＿申告期限に間に合わないとき

　①　税理士に依頼しておかないと　　起業して税理士に依頼しないまま，翌年3月を迎える人がいます。税理士に相談したくなっても，税理士は一番の繁忙期ですから，そうした納税者の相談を受けられないことが一般的です。既に依頼を受けた納税者の対応をするだけで，多忙を極めているからです。

　仕方なく税務署に行くと，その時期には確定申告をする人で混雑しており，1時間以上待たされ，ある程度準備できていないと出直しになります。もちろん，自宅で国税庁のHPを通じて申告書を作成できる時代ですが，元になる決算書ができていなければ，事業所得の申告は困難です。そして，申告期限の3月15日を迎えます。ここで諦めてはいけません。決算書が準備できなくても，所得税を申告する方法はあります。

　②　無申告の回避　　所得税の申告書は，究極は第1表の1枚です（▶図表3.4の第1表参照）。第2表以下はその添付書類にすぎません。したがって，この申告書の冒頭のところに住所，氏名，生年月日などを書き，税務署に申告書を提出すれば無申告にはなりません。申告する意思だけは表明できているからです。ペナルティが怖ければ，納めたい税額を申告書第1表の右側中央㊴「納める税金」に書き，銀行（または所轄税務署）で納付します。その上で，期限後に税理士に依頼し，修正申告書を提出します。

　③　無申告のペナルティ　　無申告のペナルティは本来納めるべき税金（本税）の15から30％です。罰課金となるため，必要経費になりません。加えて，期限内に適切な申告ができないことは，銀行融資の審査上，不利になります。ルールや期限を守らない人であることを自ら証明しているからです。開業後は必ず2か月以内に税理士に相談をしましょう。後述の通り届け出を出すことで，有利な恩典が得られます。（▶▶3参照）。

　④　無申告の場合　　無申告が怖いのは1年目ではなく2年目です。売上も利益も増加

しているにもかかわらず，1年目に申告をしていない後ろめたさから，2年目も無申告に陥る可能性が高いのです。税務署から怒られると思えば（実際には怒られません），余計に確定申告から目をそむけたくなる人間心理が起きます。そうして無申告を重ねると，突然の税務調査で大きな税負担が課されるだけでなく，社会的信用を失うことになります。そのため，1年目が重要です。

▶▶3__申告納税制度と青色申告

　所得税は，納税者自身が自分の所得を計算し，税務署に申告納税する仕組み（申告納税制度）です。後日の税務調査で計算過程を検証できるよう，帳簿の作成が前提です。

　しかし，2章で説明したように，複式簿記での帳簿作成は専門知識のない人には難しいうえ，会計ソフトのない人には大変な労力がかかります。そこで，複式簿記で適切な帳簿をつける人には，青色申告者として恩典が用意されています。主な恩典は，次の通りです。

　①特別控除　　複式簿記ではないものの簡単な帳簿を作成している場合は10万円，複式簿記を採用している場合は55万円，その上で電子申告すれば65万円を，事業所得等から控除できます。

　②専従者給与　　事前に届け出て，専念して働く家族に給料を出すと，必要経費にできます。その結果，所得が分散し，家族全体の税負担が軽減されます。

　③損失の繰越し　　事業は浮き沈みがあるため，時には大きな赤字を出すことがあります。青色申告者は3年間損失を繰り越し，翌年以降の所得と相殺することができます（ちなみに，会社の場合は10年間繰り越せます）。

　④特別な減価償却の採用　　1組30万円未満の固定資産を，購入した年に全額経費にできる（即時償却。年間合計300万円まで）ほか，1組20万円未満の固定資産を法定の耐用年数に関係なく3年で償却できます（一括償却）。

　⑤特別な税額控除　　従業員の給与増大，研究費や設備投資など，国が政策的に国民に取り組んでほしいことに対して，特別な税額控除を受けられます。

▶▶4__退職所得

　最後に，退職金にかかる所得税について取り上げます。退職金による収入は，▶▶2の①の10種類に分けた収入の1つに当たりますが，例外的に，合計所得として合算されない所得になります（分離課税）。退職金は，長く勤めた功労に報いるために支払う給料の一種で，長期にわたる「がんばり」がいっときに実現しているため，所得税の税率表（▶図表3.3）を適用して超過累進課税を掛けるのは気の毒です。そこで，国は，①退職所得控除という引き算と，②2分の1課税，さらに③分離課税

3章____税金の計算と税務 | 045

▶図表3.4　所得税の申告書（第１表）

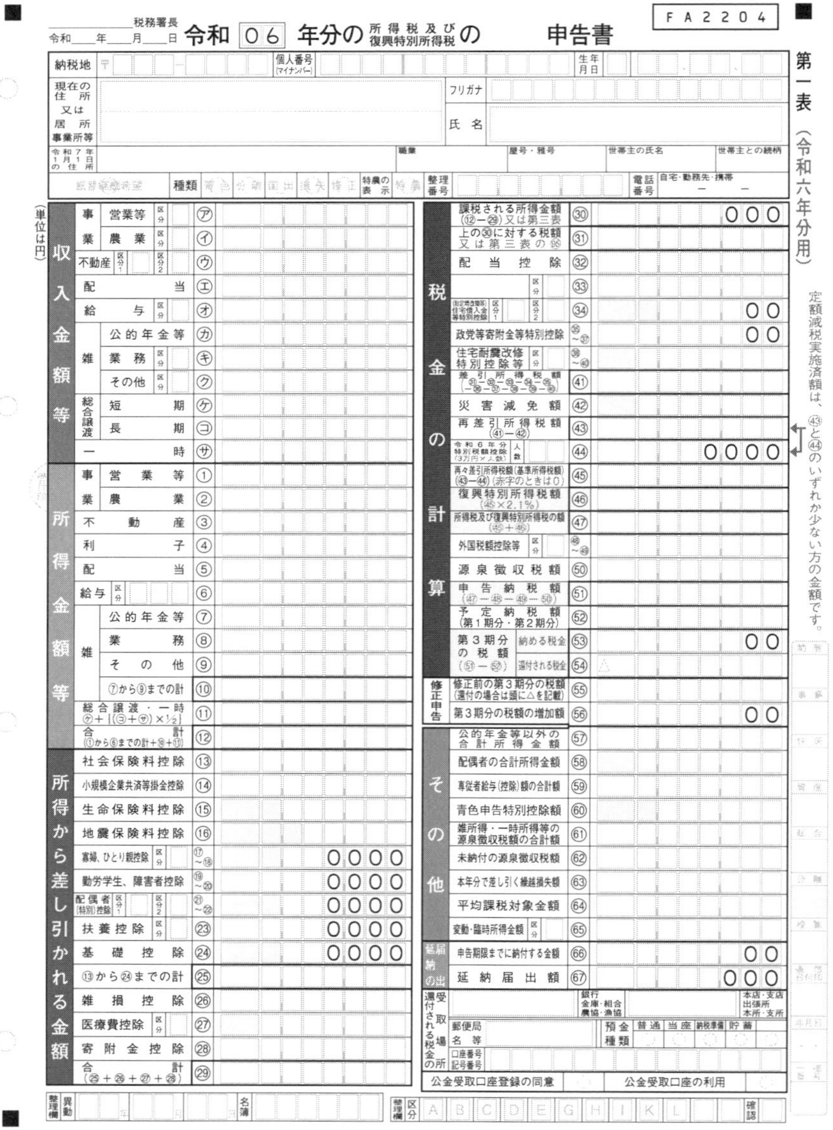

FA2204

税務署長
令和　年　月　日　令和 06 年分の 所得税及び復興特別所得税 の　申告書

第一表（令和六年分用）

納税地　〒
個人番号（マイナンバー）
生年月日
現在の住所 又は 居所 事業所等
フリガナ
氏名
令和７年１月１日の住所
職業　屋号・雅号　世帯主の氏名　世帯主との続柄
種類　特農の表示　整理番号　電話番号　自宅・勤務先・携帯

（単位は円）

区分	項目	番号
収入金額等	事業 営業等	㋐
	事業 農業	㋑
	不動産	㋒
	配当	㋓
	給与	㋔
	雑 公的年金等	㋕
	雑 業務	㋖
	雑 その他	㋗
	総合譲渡 短期	㋘
	総合譲渡 長期	㋙
	一時	㋚
所得金額等	事業 営業等	①
	事業 農業	②
	不動産	③
	利子	④
	配当	⑤
	給与	⑥
	雑 公的年金等	⑦
	雑 業務	⑧
	雑 その他	⑨
	⑦から⑨までの計	⑩
	総合譲渡・一時 ㋘＋{(㋙＋㋚)×½}	⑪
	合計 (①から⑥までの計＋⑩＋⑪)	⑫
所得から差し引かれる金額	社会保険料控除	⑬
	小規模企業共済等掛金控除	⑭
	生命保険料控除	⑮
	地震保険料控除	⑯
	寡婦、ひとり親控除	⑰〜⑱
	勤労学生、障害者控除	⑲〜⑳
	配偶者(特別)控除	㉑〜㉒
	扶養控除	㉓
	基礎控除	㉔
	⑬から㉔までの計	㉕
	雑損控除	㉖
	医療費控除	㉗
	寄附金控除	㉘
	合計 (㉕＋㉖＋㉗＋㉘)	㉙

区分	項目	番号
税金の計算	課税される所得金額 (⑫－㉙)又は第三表	㉚
	上の㉚に対する税額 又は第三表の㊻	㉛
	配当控除	㉜
		㉝
	(特定増改築等)住宅借入金等特別控除	㉞
	政党等寄附金等特別控除	㉟〜㊲
	住宅耐震改修特別控除等	㊳〜㊵
	差引所得税額	㊶
	災害減免額	㊷
	再差引所得税額 (㊶－㊷)	㊸
	令和６年分特別税額控除 (3万円×人数)	㊹
	再々差引所得税額(基準所得税額) (㊸－㊹)(赤字のときは0)	㊺
	復興特別所得税額 (㊺×2.1%)	㊻
	所得税及び復興特別所得税の額 (㊺＋㊻)	㊼
	外国税額控除等	㊽〜㊾
	源泉徴収税額	㊿
	申告納税額 (㊼－㊽－㊾－㊿)	51
	予定納税額 (第１期分・第２期分)	52
	第３期分の税額 (51－52) 納める税金	53
	第３期分の税額 還付される税金	54
修正申告	修正前の第３期分の税額 (還付の場合は頭に△を記載)	55
	第３期分の税額の増加額	56
その他	公的年金等以外の合計所得金額	57
	配偶者の合計所得金額	58
	専従者給与(控除)額の合計額	59
	青色申告特別控除額	60
	雑所得・一時所得等の源泉徴収税額の合計額	61
	未納付の源泉徴収税額	62
	本年分で差し引く繰越損失額	63
	平均課税対象金額	64
	変動・臨時所得金額	65
延納の届出	申告期限までに納付する金額	66
	延納届出額	67

定額減税実施済額は、㊸と㊹のいずれか少ない方の金額です。

還付される税金の受取場所　銀行 金庫・組合 農協・漁協　本店・支店 出張所 本所・支所　郵便局名等　預金種類 普通 当座 納税準備 貯蓄　口座番号 記号番号
公金受取口座登録の同意　公金受取口座の利用
整理欄 異動 年 月 日 名簿　区分 A B C D E F G H I J K L　確認

(▶§**1** ▶▶2)

▶図表3.5　退職所得控除額の速算表

勤続年数（＊）	計算式	備考
〜20年	40万円×年数	最低額80万円
20年〜	70万円×年数−600万円	

（＊）：1年に満たない端数切り上げ

というルールで，負担が大きくならないように配慮しています。しかも，退職金には，④第二の税金である社会保険料（14章▶§**2**，§**3**参照）も課されません。

①退職所得控除の計算は▶図表3.5を用います。25年勤続した時には1150万円（＝70万円×25年−600万円）まで非課税です。仮にそれを超えてもその超えた額の半分に，所得税の税率表（▶図表3.3）を適用します。この時，事業所得や給与所得等の合計である合計所得には合算せず（分離課税），累進の課税が起きないよう配慮しています。

☕**コーヒーブレイク3.2＿渡り鳥**

退職金制度を最も賢く使ったのが，キャリア官僚でした。一昔前まで，官僚は30年ほど働くと早期退職し，関係の深い公社や公団に役員として天下り，3年ほど勤めては後輩にポストを譲るため退職し，別の団体に移籍しました。これを繰り返し，その都度1000万円を超える退職金を受け取り，4つの税制上のメリットを受けました。公社・公団を渡り歩くことから「渡り鳥」と批判されました。

天下り批判の中から，役員在任5年以下で退職金を受け取る場合は，①退職所得控除や②2分の1課税の恩恵が制限されました。さらに2021年改正で従業員も勤続5年以下の退職金（短期退職手当）について類似の取扱いになりました。それでも基本的には退職金にかかる税は小さいため，経営者自身の引退や幹部従業員の処遇を考えるうえで，退職金制度の設計は重要です。

▶§**3** ＿ 法人税の計算過程

▶▶1＿法人税とは

法人税は，法人の所得にかかる税金です。法人税の計算は，「税金の公式」に当てはめただけのシンプルなもので所得×税率です。所得税のように収入を10種類に分ける必要はなく，所得控除もありません。税額控除はありますが気にしなくてもよい程度です。

3章＿＿＿税金の計算と税務

▶▶2__法人税の税率と所得

　法人税の税率は15％と23.4％の2段階です。一見，税率が低く感じますが，法人の所得にかかる税目は，法人税以外に5つほどあり，全てを足すと25％から33％程度になります。

　さて，法人の所得は概ね会計上の利益に一致しますが，相違点がいくつかあります。重要なものを3つ紹介します。

　①交際費に上限があり，中小企業では800万円までですが，会計上は上限がありません。800万円を超える部分が会計の利益と法人税の所得の相違です。

　②子会社などから受け取る配当金は会計上の利益ですが，法人税の所得にはなりません。子会社などで既に法人税を払っているので二重に課税されることを防止するためです。

　③ここまでの説明ですと，所得税よりも単純に思えますが，事業税という特殊な存在のため，実際には法人税の申告書を作成する方が難しいのです。事業税は，法人税の一種ですが，法人税を計算する上で扱いが異なるのです。

▶▶3__損金に落ちる事業税

　所得が100万円の3月決算の会社を例にします。計算の結果，法人税などが18万円と事業税が3.5万円発生しました。これらの税金は，所得100万円に対して発生しており，会計上は21.5万円を法人税等として費用にし，当期純利益を78.5万円と計上します（税効果会計を採用しません）。

　そして，翌年度に入った5月に法人税等を申告し，法人税など18万円と一緒に事業税3.5万円を納税します。事業税以外の法人税等は法人税を計算するうえで損金（税務上の経費）にできないのに対し，事業税は申告書を提出すべき年度の損金になるため，会計上の利益と税務上の所得に乖離が生じます。

　このように，法人税の一種である事業税が翌年の法人税の計算に影響を与えるため，より適切な企業会計に従う会社では，法人税の計算が1年ごとに途切れず，つながり続けます。したがって，過年度の法人税を誤ると次の年もその次の年も数字が変わるのが法人税です。所得税を税理士に頼らず，自分で申告する人はたくさんいますが，法人税を税理士に頼らず申告している会社経営者はほとんどいません。

▶▶4__法人税の表面税率と実効税率

　法人の所得にかかる税金は，次の3つに分類できます。①法人税，②住民税，それから問題の③事業税です。3つでも複雑ですが，それぞれ，複数に分かれます。この3つの税の所得に対する割合を単純に足したものを表面税率といい，小さい会

社で800万円以上の所得がある場合は，36.8％になります。しかし，③の事業税は翌年の所得計算上，損金になるため，翌年の法人税を減額する効果があります。

　そこで，会社が永続的に活動した場合，いったい何％の税金を負担することになるのかが，事業計画を立てる際や税負担を国際比較する上で重要になります。そこで用いられるのが実効税率です。結論からいえば，小さい法人で800万円以上の所得については33.5％です。表面税率より約3ポイント低く，ほぼ3分の1です。実効税率は，次の式で計算します。

（実効税率＝表面税率÷（1＋③事業税率））

🖋 トピック 3.1＿法人の利益調整と役員報酬──定期同額給与

　会社が思わぬ利益を上げることが分かると，自分の役員報酬を増額し，法人税を減らそうとする経営者がいます。月々の役員報酬や臨時支給の役員賞与を用い，会社の所得を調整することに対し，法人税法は一定の制限を設けています。すなわち，次の3つのいずれかに当てはまる場合しか役員報酬等を損金にできず，会社の所得は簡単には調整できません。

　①定期同額給与：毎月同じ額を支給する給与。
　②事前確定届出給与：事前に届け出を行い，その通りに支給する給与。
　③業績連動給与：法人の業績指標に基づいて算定される給与。

　②は事前の届け出が条件となっており，所得調整の余地はありません。③は上場企業やそれに準じる大きな法人で利用される仕組みです。したがって，起業したばかりの会社や小規模企業では，臨時の役員賞与は支給せず，①の定期同額給与にあたる役員報酬だけにしておかないと，余分な法人税の負担が発生します。具体的には，決算日から3か月以内に開催される定時株主総会で役員報酬の額を決め，それを翌年の定時総会まで1年間，継続支給します。決まった額を継続しないと，損金に入れられない部分が生じます。

　ただし，役員の職務内容に大きな変更があったとき，会社の業績が著しく悪化したとき，社会的批判にさらされる不祥事に際し，報酬減額の処分を行うときなど，例外的な状況で，その変更内容が常識的であれば，継続支給の条件が緩和されます。どうしても，定時株主総会の時期以外で，役員報酬を変更するときは，臨時総会で定款を変更し，決算日自体を変更します。

3章＿＿＿税金の計算と税務　049

▶ §4 ＿ 消費税の計算過程

▶▶1＿消費税とは

　消費税は1989年に導入された最も身近な税金です。消費税を税金の公式に当てはめると，消費額×税率と言いたくなりますが，そう言い切れない部分があります。モノを購入したり，サービスを受けたりする消費者が直接税務署に納税しないからです。実質的な税の負担者と実際の納税者が異なる税金を間接税と呼びます。消費税は間接税の代表例です。

▶▶2＿税率

　消費税の計算過程に入る前に，税率について確認します。原則は10％で，例外的に食品（お酒を除く）と定期購読の日刊新聞は8％です。消費税10％（あるいは8％）のうち，8割弱が国の税収，2割強が地方自治体に分配されます。ここから消費税の計算過程の本題ですが，説明を簡略化するため，特に必要がなければ消費税の税率を10％として説明します。

▶▶3＿取引の分類──課税取引・非課税取引・不課税取引

　事業者の行う様々な取引の中から課税される取引とそれ以外の取引を分類します。後者は，非課税と不課税の取引に細分類できますが，両者を分けられるのは中級者ですから，ここでは，両者を合わせて，課税されない取引と理解ください。課税される取引と課税されない取引を分けるのが，消費税計算の第一歩になります。

❶ **課税取引**　　課税される取引は，大きく国内取引と輸入の取引があります。貿易の話は難しいため省略し，国内取引を見ていきます。①事業者が事業として，②対価を得て，③資産の譲渡や貸し付け・サービスの提供を行った場合に課されます。

❷ **非課税取引**　　非課税取引の1つ目は，論理的に課税できない取引です。土地の貸付，株の売買など，その取引で「消費」されるものが観念できないという理屈です。土地を貸しても何も減りませんし，株を売却しても株式は存続して変化しません。

　もう1つは，先述の課税取引の定義に該当しますが，政策的に消費税を掛けないことにした取引です。保健医療の費用やお産の費用などです。お産に至っては，消費ではなく生産だと，国民からの批判を浴びます。そこで政策的に非課税にしました。住まいの貸し付けも同様です。自宅を建てると多額の消費税を負担しますが，他人から住まいを借りると非課税です。こうしたいびつさは税逃れを生み出す弱点

050　　第Ⅰ部＿＿企業法制と財務（ファイナンス法務）の基本をつかむ

になります。

❸ **不課税取引** 不課税取引は，労働者が受け取る給料，無償提供の試供品，株式の配当収入，心身に加えられた損害賠償金などです。労働の対価の場合，労働者は事業者ではないから，試供品には対価の支払いがないから，配当金の受取りは株主の地位に基づき支給されるから，損害賠償は代金ではないから，それぞれ不課税取引になります。

▶▶4__一般課税

消費税の計算方法には，原則的な計算方法である一般課税と，小規模な事業者のための簡易課税があります。一般課税の基本的な考え方は，売上取引のうち課税取引にかかる消費税から，仕入取引のうち課税取引にかかる消費税を差し引いた額を，納める消費税とする方法です。イメージは次の式です。

> （式） 消費税＝（売上取引）×10％－（仕入取引）×10％
> ＝｛（売上取引）－（仕入取引）｝×10％

注意すべき点は，ここでいう売上取引，仕入取引という言葉は，会計の言葉と異なるという点です。消費税法上の売上取引は，会計のそれよりも広く，固定資産の売却や有価証券(株や債券)の売却も含みます。同様に，仕入取引も，仕入だけでなく，経費の支払いや固定資産の購入も含む言葉です。

課税売上が5億円未満で，売上取引のうち95％以上が課税取引である場合，基本的に上記の計算式で問題ありません。しかし，それ以外の場合は，仕入取引に掛かる消費税の全額を引き算することができません。課税売上に直接対応する仕入取引の消費税の全額は引き算できますが，非課税売上に直接対応する仕入取引の消費税は引き算できません。また，課税売上と非課税売上げの両方に共通して発生する仕入取引の消費税は，その割合に応じて，引き算するという仕組みをとります。

このように，一般課税の計算には，すべての取引を課税，非課税，不課税の取引に分けたうえで，課税売上の取引，非課税売上の取引との対応関係を確認する必要があるので，非常に手間がかかります。

▶▶5__簡易課税

事前に届け出ることにより，課税売上が5000万円以下の小規模な事業者は，一般課税に代えて簡易課税を選択できます。簡易課税の計算は，売上取引だけを課税取引と非課税取引等とに分ければ良く，課税売上の消費税に，営む事業の種類の区分（事業区分。▶図表3.6参照）に応じた所定のみなし仕入率を乗じた額を仕入取引の

▶図表3.6　簡易課税の事業区分

番号	主な業種	引き算できる割合 （みなし仕入率）	（納める割合）
第1種	卸売り	90%	（10%）
第2種	小売	80%	（20%）
第3種	建設，製造	70%	（30%）
第4種	その他（加工，飲食）	60%	（40%）
第5種	サービス，金融	50%	（50%）
第6種	不動産	40%	（60%）

消費税とし，売上取引の消費税から差し引き計算します。

（式）　消費税＝売上取引×10%―売上取引×みなし仕入率×10%
　　　　　　　　＝売上取引×（1－みなし仕入れ率）×10%

　つまり，簡易課税を選択すれば，売上取引だけを分類し，事業の区分を確認することで，容易に消費税が計算できます。その反面，高額の固定資産（建物や自動車など）を購入するなど多額の仕入取引が生じても，一般課税の場合と異なり，消費税は減額も，還付もされません。

▶▶6　免税業者とインボイス

❶　**免税業者と益税問題**　消費税はすべての業者にかかるわけではありません。課税売上が1000万円に満たない零細事業者は原則として消費税の申告納税義務がなく，免税業者と呼ばれます。免税業者の存在により，消費者の負担した消費税が税務署に納められず，免税業者の利益となることを益税といいます。1989年の消費税の導入時から，益税が問題視されてきました。税率が段階的に上がって10%になり，無視できないものとなったことから，この益税を縮減するため，2023年10月からインボイス制度がスタートしました。

❷　**インボイス（適格請求書）制度**　消費税を申告納税する事業者が，税務署に申請し，「インボイス（適格請求書）発行事業者」の登録を受け，Tのあと13桁の数字からなる登録番号が割り当てられます。登録を受けた事業者が発行する請求書や領収証などで，登録番号など所定事項を記載したものがインボイスです。2023年10月以降，消費税の仕入取引を課税，非課税取引等に分類する際は，登録番号の有無などインボイスの記載事項で判定しますが，従来のように登録番号がなくとも，制度導入後の3年間は80%，その後の3年間は50%だけ，仕入取引として引き算できるなど，様々な経過措置が設けられています。

052　第Ⅰ部＿＿企業法制と財務（ファイナンス法務）の基本をつかむ

▶▶7__基準期間

消費税の計算の仕組みを理解するうえで重要な考え方に，基準期間があります。2章▶§4▶▶3で説明したように，決算日から決算整理作業を行い，決算書や申告書（所得税，法人税，消費税）を作成します。決算書が完成するときには，次の年度は既に2か月ほど進んでいます。前述のとおり，消費税には免税業者もあれば，一般課税，簡易課税の別があるうえ，個々の取引を課税，非課税，不課税取引に判定します。期首の時点（決算日の翌日）で，どの課税ルールが適用されるのか明確である必要があるため，原則として，消費税を計算する年度の2年前を基準期間と定めています。

免税業者の基準となる課税売上1000万円や簡易課税を選択できる5000万円という基準は，消費税の計算を行う年で判定するのではなく，2年前に当たる基準期間の課税売上で判定することとされています。

▶§5 __ 税負担を免れたときのペナルティ

▶▶1__自己申告制度

この章で学んだ所得税，法人税，消費税は全て自己申告の税金です。納税額を自分で決めるのは誘惑が大きく，適正に申告する人ばかりではありません。

税務署は提出された申告書を機械で読み取り，分析させ，単純な計算間違いや金額の大きいもの，怪しいものを抽出させます。必要に応じ，税務調査を実施し，納税者に修正申告を促したり，悪質なものは，税務署が税額を決定したりします。中でも特に巨額で悪質なものには，刑事告発をします。この場合，刑事事件（犯罪）として裁判所で裁かれることになります。

▶▶2__税務署からの接触とペナルティ

❶ **簡易な接触** まず，計算間違いくらいでは実地の調査にならないことが一般的です。「この点間違えていませんか」という手紙が届き，親切に修正申告書の案が入っていることもあります。税務調査と分け，「簡易な接触」と呼びます。税務署の指摘が合っていることを納税者が確認し，修正申告書を提出，不足の納税をして完了します。税務署からの手紙がきっかけですが，あくまで自主的な修正申告となり，ペナルティである過少申告加算税（5から15%）はかかりません。しかし，納税が期限内に行えていないため，原則として延滞税（申告期限から2か月間は年率2%強，それ以降は9%程度）が発生します。

❷ **税務調査** 次に，所轄の税務署の行ういわゆる税務調査（一般調査，実地調査）

3章___税金の計算と税務 **053**

と，資料調査課が行う調査があります。実地調査日数は1から3日程度，事前に電話連絡があることが一般的ですが，抜き打ちで行われることもまれにあります。資料調査課の調査は，事前に全国の税務署から様々な資料を集めており，厳しい調査になります。多額の申告漏れが見込まれる者に対する調査で10日以上の調査日数を確保して行われる調査を特別調査と呼びます。

これらの調査は，納税者が帳簿の提出や検査を理屈の上では拒めることから任意調査といわれますが，税務調査を受けない自由があるという意味ではありません。国税通則法に基づき，調査官には質問検査権があり，調査自体を拒否すれば罰則が科され，税務調査を逃れることはできません。

❸ **国税局査察部による調査**　　最後に，国税局にある査察部が行う調査があります。任意の税務調査と異なり，査察は強制調査権のある調査（犯罪捜査）です。警察のように裁判所の許可を得たうえで，強制的に捜索，差押えが可能です。多くの場合，主犯格は逮捕され，証拠隠しを手伝った人も厳しい取り調べを受けます。調査官も数十名規模で動員し，巨額の脱税事案，とくに複雑な事案の調査に当たります。会社1社だけで商売しているケースは通常は対象外です。しかし，有名人の場合はニュース性が高く，税の適正申告を啓発する広告効果を狙い，脱税で摘発されることがあります。

❹ **本人調査と反面調査**　　基本的に税務調査は，納税者が保管する帳簿や領収証などの証拠書類（証憑）を中心に行いますが，しばしば，不備があったり，偽造されていたりします。帳簿等の信ぴょう性を確認するため，補完的に納税者と取引を行った者（例えば，銀行や下請け業者）に対して税務調査等を行います。これを，納税者に対して行う本人調査に対し，反面調査と呼びます。

❺ **調査後の手続──修正申告**　　税務調査の過程で，税理士と税務署で互いに主張したり，根拠や証拠を出し合ったりして，税務署と納税者が納得できる内容に至れば，その内容で納税者が修正申告を行い，不足の税金を納めて終了します。修正申告するのは本税だけですから，あとから，過少申告や無申告の加算税あるいは延滞税，住民税や事業税，健康保険料などの追徴が次々と届きます。

❻ **脱税行為とペナルティ**　　調査の結果，脱税行為が見つかると，重加算税が課されます。本税の35％（無申告の場合は40％）を負担しないといけないうえ，ペナルティですから経費にできません。脱税行為は，単に忘れていたとかミスしたというのではなく，故意に取引を仮装しまたは隠ぺいし，課税を免れる行為です。

また，重加算税を課された履歴は，税務署が調査対象を選定する際にも影響します。脱税行為で，しかも巨額となると，前述のとおり脱税（犯罪）として処理されます。場合によっては逮捕され，報道される上，銀行が貸し渋ってきたり，許可業種だと（代表）取締役を続けられなくなったりと大変な余波があります。

054　　第Ⅰ部＿＿企業法制と財務（ファイナンス法務）の基本をつかむ

本章の冒頭で，賢い節税は重要なスキルと書きましたが，方法を誤ると重加算税を課され，あるいは脱税で逮捕されるため，慎重に行う必要があります。

🏔 トピック 3.2__税務署との交渉がまとまらないとき

まれに税務署との交渉がまとまらないこともあります。この場合，納税者は修正申告をしないことも，税務署の指摘のうち納得する部分だけを修正申告することも可能です。あくまで，修正申告は納税者の行為だからです。税務署は納税者の主張や証拠の程度，課税の漏れの程度などを総合的に検討し，更正決定を打つかどうか決めます。更正決定は行政法上の行政処分に相当し，一旦は更正決定（行政処分）の内容が適法とされ，納税者はその税金を支払います。

その上で，更正決定に納得がいかない場合，更正決定から3か月以内に納税者は国税不服審判所に不服申し立てを行い，審判所の裁決にも納得できない場合は，裁判所に提訴（処分取消し訴訟）できます。審判所は国税庁の管轄ですが，国税局（税務署）とは別の組織で，独立して審査する建前です。

🏔 トピック 3.3__会計書類の保存期間と電子帳簿保存法

① 会計書類の保存期間　　申告を前提とする税制では，仕訳帳や総勘定元帳をはじめとする会計帳簿や領収証（控）や納品書・請求書，契約書といった証憑書類を，税務調査に備え，長期に保管しておく必要があります。税務上は，重要性の低い納品書，注文書，見積書は5年だけの保存ですが，その他の書類は税金の時効に合わせ，7年間の保存義務となっています。しかも，赤字の青色申告書を提出した年は，10年保存に延長されます。

税務とは別に，会社法上，決算書や会計帳簿，議事録は10年間の保存義務です。また，行った取引が後日，裁判で争われる場合もあるため，証憑書類を保存しておく必要性があります。裁判まで考えると10年保存が基本です。

実務上，会社が小さい間は，原則として10年保存としつつ，株主名簿，BS，PL，法人税申告書，税務届出書，総勘定元帳，通帳，定款，総会議事録のほか，不動産の購入に関係する書類は永久保存としておくのが安心でしょう。

② 電子帳簿保存法（電帳法）　　このように，多くの会計書類は7年以上の長期保存が必要となるため，銀行や大企業になるとその書類の保管に倉庫を借りるほどになります。その負担を軽減するため，電子帳簿保存法により，事前に税務署に届け出たうえで，スキャナーで電子データにして保存すれば，原本の紙自体は廃棄できます。

また，ネット取引など電子取引が増加し，取引相手から電子データのみが送られることも増えました。電子データは容易に改ざんできるため，2024年から全ての事業者に一定のルールに従ったデータ保存が義務付けられました。外部から電子データの証憑を受け取ったときは，取引年月日，金額，相手先を登録してデータ保存し，税務調査時に検索でき，削除や変更を行った履歴が残る仕組みが要求されています。

3章____税金の計算と税務　055

4章 事業資金の調達

▶§1 資金調達の種類・方法

▶▶1 BSと資金調達

2章で説明したBS（貸借対照表）の左側には会社の財産が，また，右側は上下に別れ，上部にはマイナスの財産である負債が，下部には純資産が表示されます。換言すれば，BSの右側は会社が誰から資金を調達したかを示し，左側は集めた資金を現金のほか在庫や固定資産などの何に投じているかという資金の運用状況を示すと言えます。この章では，資金調達の方法やその仕組みを解説しつつ，規制についてもすこしだけ触れます。

▶▶2 オーソドックスな資金調達

起業時における資金調達のオーソドックスな方法としては，①自己資金，②銀行借入れ，③出資の募集，④補助金・助成金，⑤親戚・友人からの借入れ，があります。

①事業を始めるとき最初に確認するのは，手元にある自己資金です。また，他に投資している財産を換金して自己資金にあてる場合もあります。自己資金はゼロではいけません。自己資金の額で，起業家の本気度が見えるからです。他人にお金を出してもらうのに，起業家自身が1円も出さないなら，他人は怖くて出せません。反対に，自己資金はあるが，他からも十分な資金が調達でき，結果1円も出さなくて済んだ，ということはありえます。この場合，お金を出してくれる人も安心できます。

②銀行借入れはスタンダードな資金調達方法です。各銀行でベンチャーのかた向けのプランを用意していたり，銀行員も無償で助言してくれたりします。政府系の日本政策金融公庫（略称：日本公庫，旧略称：国金）や信用保証協会（略称：保証協会）の取次ぎもしているので，銀行借入れでスタートすることが多いです。また，日本公庫でも独自に創業支援の融資プランを用意しています。

③出資の募集は，銀行借入れができないような新規性の強い事業や銀行が避ける事業の場合の選択です。前者にはIT系や研究開発系の事業などが，後者には風俗営業や貸金業などの金融系の事業が該当します。

出資に関する契約は，契約内容が定型的でなく，出資者の意向が強く反映される場合もあり，出資契約に慣れない初心者は避ける方が無難です。危険なのは，出資者の名前で事業を始める場合（名義借り，借名取引）です。気がつけば，起業家だったはずが単なる従業員の一人になっています。

　④補助金・助成金を足掛かりに事業をスタートするケースもあります。不定期ですが，結構な頻度で政府や自治体が補助金を出しており，うまく利用すると数百万円から数千万円の資金調達ができます。しかし，交付を受けるには，事業計画書やプレゼンの完成度を上げる必要があるため，補助金のコンサルを専門とする中小企業診断士や行政書士などに依頼することが一般的です。手数料が成功報酬型の場合，調達資金の数％から20％程度となることもあるので，要注意です。

　⑤親戚や友人から借りるという方法もあります。実によく見かけますが，貸倒れも多く見られます。この場合でも，事業計画を作って示したり，借用書を差し入れたりすることが望ましいでしょう。借用書は無い方が借り手には有利でしょうが，借りたお金を返さないつもりでは，事業はうまくいかないでしょう。

▶▶3__新しい資金調達

　近年，クラウドファンディングという新たな資金調達方法が現れました。インターネットを通じ，知らない人から資金調達するものです。多くの人が関心をもつ事業内容の場合，思いのほか多額の資金が集まることがあります。ただ，サイト運営会社の料金が高かったり，借入利息が高利になったりすることもあるので要注意です。ちなみに，クラウドは，IT用語の雲（cloud）ではなく，群衆（crowd）の意味です。

　クラウドファンディングには，借入型，出資（ファンド）型，さらに金銭的な見返りを要しない寄付型があります。出資型には，未上場株式への投資を行う株式投資型（例 CAMPFIRE Angels）が，また，寄付型には，ふるさと納税制度を活用したふるさと納税型が発展形としてあります。厳密には資金調達とはいえませんが，新商品の購入予約者が予定数以上集まったら製造に着手するという商品購入型（例Makuake）もあります。

☕コーヒーブレイク4.1__ファイナンスリース取引

　資金調達に似た取引にファイナンスリースがあります。購入したいモノ（車や複合機など）の所有権をリース会社に残すことで，毎月定額のリース料を支払えば，所有するのと変わりなくモノを使用できます。レンタル契約と異なり，途中解約不可，または，解約には多額の違約金が必要となります。また，契約期間満了までのリース料の総額は，購入金額と変わらない金額となります。さらに，契約が満了してもリース物件の所有権

はリース会社に残るため，少額とはいえ再リース料を支払い，リース物件の使用を継続するか，または，その時点の時価で買い取るかを選択します。

　リース料には，保険料や償却資産税の負担分も含まれますが，それを考慮してもリース料には高めの金利が含まれている計算になります。なお，中小企業の場合，ファイナンスリース取引はたいていBSの外（簿外）で会計処理が行われます。そのため，中小企業を買収するときには，見落とし易いポイントですから，要注意です。

▶ §*2*＿ 金利の世界

▶▶1＿利息についての法の制限

❶　利息についての規制　　他人からお金を借りると，元本の返済に加え，貸してくれたお礼にあたる利息を支払います。古今東西，利息の負担は借りた者の想定を超えて重い負担となり，その生活を破綻させることがあります。そのため，宗教によっては利息の授受を禁じています。日本では，民法，利息制限法，出資法の3つの法律が金利を規制しています。

❷　民法の定める法定利息　　まず，民法は「当事者は自由に契約を結んでよい」という私的自治の原則に基づいており，両当事者が合意すれば，金利を0％にしても，また，何十％にしてもかまいません。しかし，当事者が金利を定めなかった場合は法定金利を支払うことになります。法定金利は，原則として年3％ですが，3年ごとに見直される基準金利に応じて変更されます。2026年3月までは3％です。

❸　利息制限法の上限金利　　次に，利息制限法は金利の上限を15％（ただし，元本10万円までは20％，元本50万円までは18％）と定めており，これを超える金利で貸し付けても，上限金利を超えた部分については，裁判で回収することはできません。

　利息に似たものに，遅延損害金があります。お金を貸したが約束の期日になっても返さないときに付けるペナルティです。ペナルティですから，利息より高目に設定でき，利息制限法による上限は21.9％（ただし，元本10万円までは29.2％，元本50万円までは26.28％）です。

❹　出資法の定める上限金利　　最後に，出資法は合法に貸せる金利の上限を定めています。法律で「業として」という言葉は，反復・継続してという意味で用いますが，業としてお金を貸す場合，金利の上限は20％，それ以外の場合は109.5％と定められています。これを超える金利で他人にお金を貸すと，出資法に違反したものとして重い刑事罰を受けます（5年以下の懲役または1000万円以下の罰金。両方を科されることもあります）。1回限りと思っても20％を超える金利で貸すべきではあり

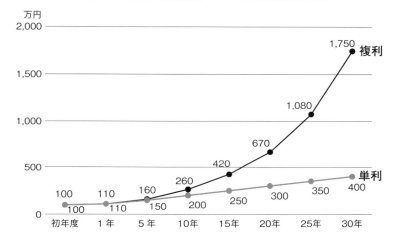

▶図表4.1　100万円を投資して年率10％で運用した場合

▶図表4.2　金利の相場・水準

調達先	金利
①都市銀行や地銀	1％未満
②信用金庫や第2地銀	2％未満
③信用組合	4％未満
④ノンバンク	6％～
⑤消費者金融	12％～

ません。借り手から懇願され，意図せず反復継続することが多いからです。

▶▶2＿単利と複利

　利息には単利と複利があります。単利は利息部分には利息がつきませんが，複利は利息にも利息がつきます。▶図表4.1は，100万円を投資し，年率10％で運用した場合を示しています。30年後，単利だと400万円にしかなりませんが，複利だと1750万円まで膨らみます。金融の世界で「複利の効果」といわれるものです。「早く投資を始めて，複利の追い風に乗ろうよ」という誘い文句がある反面，複利が向かい風になると，雪だるま式に借金が増えます。

▶▶3＿金利の相場・水準

　融資を受ける時はできるだけ▶図表4.2の①②の2％未満で調達しましょう。③の信用組合と4％未満で契約を結ぶあたりが限界です。④ノンバンクに手を出すの

は，破綻の一歩手前です。勇気ある撤退を考えて下さい。⑤消費者金融に手を出す
くらいなら，廃業すべきです。消費者金融から借りて，利益が出せるとは考えにく
いからです。ただ，最近は，ノンバンク傘下の銀行や銀行系カードローンなどのよ
うに金融機関でも高利となる場合があります。取引相手を見るだけでなく，金利水
準も見て判断すべきです。

▶§3 __ 株式会社における資金調達

▶▶1__社債の発行

　株式会社の資金調達も，前述のとおり（▶§1▶▶2）基本的には銀行借入れが中心
ですが，会社法は新株発行（増資）と社債発行という手段を用意しています。社債
というのは，基本的には借入れなのですが，貸し手の権利，つまり元金や利息を支
払えと言う権利を，同じサイズに小分けにして，譲渡しやすいようにカード（券）
にのせたもの（証券化）となります。

▶▶2__社債の発行と新株の発行の相違点

　社債の発行と株式の発行とを比較すると，両方とも取締役会または株主総会等で
決議して発行する点，会社に対する権利を証券化したものである点で共通します。
両者の違いは，社債は決まった利息だけ支払えば，どれだけ会社が儲かっても，社
債の権利者に還元する必要がない（利益は株主に還元できます）一方，会社が全く儲
からなくても利息や元本を支払わねばなりません。

　これに対し，新株発行の場合，受け取った資金は将来にわたって返済する必要は
なく，儲かったときだけ配当すれば足ります。しかし，毎年ある程度儲けて配当し
ないと，株主総会で株主から批判を受け，最悪の場合，取締役を解任されます。

▶▶3__転換社債と新株予約権 （オプション）

　以上の社債と新株発行を組み合わせたものが転換社債です。転換社債は金利を付
けない代わりに，一定の条件の下で株式に交換できる「オマケ」付きの社債です。
具体的にいうと，転換社債を発行したときの株価が1000円としましょう。1株を
1200円で株式に転換できるオマケを付けます。発行したときは，オマケの価値は
ありませんが，株価が上昇して1500円になると，この転換権を使えば，1株1200
円で株が手に入ります。それをすぐに売ったら1500円になるので，300円分儲かる
というわけです。

　転換社債では，株式への転換権は社債のオマケ（附属品）という扱いで社債と一

060 │ 第Ⅰ部___企業法制と財務（ファイナンス法務）の基本をつかむ

体化していました。その後，オマケ部分が独り立ちします。ブラックショールズモデルという計算方法でオマケの価値を計算できるようなったためです。独立したオマケを新株予約権（オプション）といいます。

　今の株価よりも十分高い値段で株が買える権利（オプション）を設定することで，会社の負担は小さく，かつ，多様な人から長期的に支援を受けやすくなります。ストックオプションというのは，会社の役員や重要な従業員にこの新株予約権を配り，長期的に頑張ってもらうインセンティヴとするものです。

☕コーヒーブレイク4.2__少人数私募債

　会社法は，新株発行（増資）や社債発行の手続について定めていますが，ベンチャー企業を除くと，実際にこれらを利用する中小企業は少数派です。中小企業では，銀行借入れか，役員からの借入れで資金調達しているのが実情です。

　増資が敬遠されるのは，住民税（均等割り）の負担が増える場合がある（**1章**▶**§6**「設立」参照）ほか，出資割合が変わるような増資は株主に思わぬ課税（贈与税）を発生させる場合があるからです。新株の価格次第で，既存の株式の価値が大きく変わり，税務署から贈与があったとみなされることがあるのです。

　これに対し社債の場合，多くの税理士にとって馴染みがなく，クライアントに案内しなかったという事情があります。しかし，社債発行は引受け手さえ見つかれば，手続はさほど大変ではありません。社債募集に関する要項を作成し，取締役会または株主総会の決議を経て発行します。中小企業でも発行可能な社債の形態を少人数私募債といいます。

　社債利息を受け取ると課税されますが，個人の場合は原則として所得税等合計で20.315％だけ（源泉分離課税）で済みます。しかも所得税等は社債権者に代わり発行会社が支払う利息から天引きし，税務署や都道府県に納付しますので，社債権者は煩わしい申告手続は原則として不要です。ただし，社債を発行する会社が法人税法に定める同族会社に該当し，社債利息を受け取るのがその同族会社の株主（またはその関係者）である場合は，利息収入を合計所得に合算しなければならず（総合課税），超過累進課税の対象になります（☞**3章**▶**§2**▶▶**1**・▶▶**2**参照）。

　同族会社とは，株主の3人とその関係者のもつ議決権が過半数を占める会社で，ほとんどの中小企業がこれに該当します。

　少人数私募債の発行に際しての注意点としては，①発行口数を49口以下にしなければならないこと。②勧誘対象者も49人以下にすること。③1度に募集する社債の総額は1億円未満にすることなどが挙げられます。49以下の基準を回避するために，同様の条件で6か月以内に連続して発行する場合などは，複数回が1回とみなされます。

4章＿＿＿事業資金の調達　**061**

▶§4 __ 事業計画を立てる

▶▶1__事業計画を立てる前の準備運動

❶ やりたいことや夢のある人のケース　　やりたいことや夢を箇条書きでよいので言葉にします。言葉にすることで，漠然とした思いが具体的なイメージへと変わっていきます。

　次に，もしそれを誰かに話したら，尋ねられそうなことを考えます。「どうしてやりたいのか」，「開業資金にどれくらいかかりそうか」，「協力者はいるのか」，「開業前に実験しておくことはないか」といった問いです。それに対する答えを箇条書きで加えます。その答えに対し，さらに問いが出てきそうなら，その答えも書き足します。答えが出なくてもかまいません。

　これを繰り返し，おおよそ出尽くしてきたら，実際に親しい友達や家族，3人くらいに話してみます。新たな視点が見つかるかもしれません。また，繰り返すうちに，うまく説明できるようになります。もっとも，尋ねた友人や家族の全員が反対すると想定しておきましょう。この手の話で，「いいね！」と言ってくれる人は，10人に1人くらいです。

　出てきた質問やそれに対する回答が，事業計画を作るうえでとても大事になります。なお，実際に箇条書きにする時は，付箋を使って紙に貼っておくのも良いでしょう。並べ直せるので便利です。

❷ 特別やりたいことや夢があるわけでない人の場合　　まずは，生活するのに十分なお金を稼ぎたい，お金持ちになりたい，でかまいません。箇条書きを作成する中で，中心に据えられそうなものが見つかったら，それに置き換えます。お金持ちになりたい，ということも大事ですが，それを前面に出すと協力者を見つけるのが難しくなります。利己的な目的に，自分が利用されるのではないかと不安を感じるからです。ですから，事業計画を作成する際は利益追求の意図を中心に据えるべきではありません。

▶▶2__数字面の事業計画を立てる

❶ 不動産投資における事業計画　　では，賃貸不動産の取得を例に事業計画の数字の部分を見ていきましょう。土地建物を合計8500万円で購入しました。築年数が35年と老朽化していることから，内訳は土地7000万円，建物1500万円，また，建物が鉄骨造だったので法定耐用年数は6年となりました。税務上は，建物の価値が6年でゼロになるのですが，短すぎるように感じませんか。税務上の耐用年数は

▶図表4.3　事業計画

1　数値計画

(単位：千円)

年　期	(実　績)	'23年3期 (計画1期)	'24年3期 (計画2期)	'25年3期 (計画3期)	'26年3期 (計画4期)	'27年3期 (計画5期)	'28年3期 (計画6期)	'29年3期 (計画7期)
売上高		4,800	5,400	6,000	6,000	6,000	6,000	6,000
売上原価								
売上総利益	0	4,800	5,400	6,000	6,000	6,000	6,000	6,000
固定資産税		268	268	268	268	268	268	268
取得税		1,000						
修繕費		3,000						
管理費		480	540	600	600	600	600	600
登記費用		1,140						
減価償却費		2,500	2,500	2,500	2,500	2,500	2,500	2,500
その他		2,000						
販売管理費	0	10,388	3,308	3,368	3,368	3,368	3,368	868
営業利益	0	△ 5,588	2,092	2,632	2,632	2,632	2,632	5,132
営業外収益								
営業外費用		400	387	360	333	307	280	253
経常利益	0	△ 5,988	1,705	2,272	2,299	2,325	2,352	4,879
特別利益								
特別損失								
税引前当期利益	0	0	0	0	0	0	0	0
法人税		△ 1,976	563	750	759	767	776	1,610
当期利益　①	0	△ 4,012	1,142	1,522	1,540	1,558	1,576	3,269
減価償却費　②		2,500	2,500	2,500	2,500	2,500	2,500	
簡易CF　③(①+②)	0	△ 1,512	3,642	4,022	4,040	4,058	4,076	3,269
借入金残高	50,000	48,332	44,996	41,660	38,324	34,988	31,652	28,316
現預金残高	20,000	16,820	17,127	17,813	18,517	19,239	19,979	19,912
純資産	10,000	5,988	7,131	8,653	10,193	11,751	13,327	16,596

2　借入金返済計画

	年期(実績)	'23年3期	'24年3期	'25年3期	'26年3期	'27年3期	'28年3期	'29年3期
簡易CF　③(①+②)	0	△ 1,512	3,643	4,022	4,040	4,058	4,076	3,269
設備投資額　④	85,000							
返済財源　⑤(③-④)	△ 85,000	△ 1,512	3,643	4,022	4,040	4,058	4,076	3,269
○○信用金庫		1,668	3,336	3,336	3,336	3,336	3,336	3,336
年間返済額合計　⑥	0	1,668	3,336	3,336	3,336	3,336	3,336	3,336
余剰　⑦(⑤-⑥)	△ 85,000	△ 3,180	307	686	704	722	740	△ 67

≪ 特 記 事 項 ≫

借入金50,000千円とし，金利0.8%，6ヶ月経過後より15年間で返済予定。建物15,000千円，耐用年数6年
建物老朽化につき，室内改装と修繕工事あわせて3,000千円の予定

一律に定めているので実際の耐用年数とかい離することがよくあります。

❷　**エクセルで作成する事業計画書**　▶図表4.3は，事業計画書における数値計画です。各金融機関も同様のエクセルのフォームをHPに掲載していますので，ダウンロードして用います。数字を入力しますが，数値計画は作り直したり複数用意したりするため，極力計算式の形で入力するようにします。不動産賃貸業の融資は，既

存の投資分をいれない方が分かりやすいので，あえて左側実績の列は空けています。

❸　フリーキャッシュフロー　　▶図表4.3の上の枠は基本的にPLになります。販売管理費のところに減価償却費2500（250万円）が計上されています。PLと異なるのは当期利益①の下の2行になります。減価償却費が再登場し，当期利益①に減価償却費②を足し算して，簡易CF③を計算します。CFというのはキャッシュフロー（資金収支）の略です。2章（複式簿記と会計▶§2▶▶8）で紹介しましたように減価償却費は費用になりますが，お金は出ていきません。ですから，利益と減価償却費を足した額が，概ね「自由に」使える資金になります。これをフリーキャッシュフローとも呼びます。当期利益に減価償却費を足し算して，計算される簡易CFは，借入金の元本を返済できる能力を表しています。

❹　返済能力　　この計画だと第1期こそ簡易CFは赤字ですが，2期以降約360～400万円程度の黒字です。毎月の返済元本はこの簡易CFよりも十分小さい金額とする必要があります。▶図表4.3でいうと，借入金返済計画（下の枠）に毎年の返済額⑥は333万円となっていて何とか返済できています。不測の事態を考えると，もう少し余裕のある方が望ましいでしょう。

　　耐用年数が6年と短いことから，この先どうなるか，表を2年分追加してみました。どうでしょう。計画7期になると減価償却費250万円が無くなることから，損益は改善しますが，法人税が急増し，簡易CFが銀行返済を下回ってしまいます。

❺　事業計画の作成上の注意点　　営業外費用の欄に，銀行に支払う借入利息を計上します。元本の返済は入れてはいけません。このケースだと5000万円を借りているので0.8％，40万円です。より正確には，期首の5000万円と期末の4833万円の平均の0.8％，39万3000円となりますが，簡単な計算としています。また，エクセルで自動計算しているので端数が合いません。どちらも気にしなくてよいです。

　　法人税の税率は，本体の事業に相当の規模があると想定して，25％ではなく33％にしました。個人事業の場合は，累進課税になるので難しいところですが，やはり33％くらいに設定しておく方が適切でしょう。個人の場合は，これに加えて生活費を見ておく必要があります。この表なら，設備投資額の下に行を追加します。このあたりは，それぞれ相談される銀行で確認してください。

　　一つの手法として，売上高の増加に合わせて管理費も増加させています。売上に対応して増える経費（変動費。☞3章▶§1▶▶4参照）は増やしておかないと，銀行から指摘を受けます。

✍ トピック 4.1＿運転資金と資金繰り表

（1）　資金使途と運転資金

銀行借入れの際，資金の使い道（資金使途）を確認されます。たいていは設備資金か運転資金です。工場の建設，機械や自動車の購入などが設備資金で，数年から20年程度の返済期間になります。他方，とくだんの投資が予定されていない場合は運転資金です。返済期間は1年以下または3～5年程度で，長くても10年です。運転資金には納税資金や賞与支払いの資金なども含まれます。

約束した使途と異なることに借入資金を使う人がいますが，非常に危険な行為です。資金使途違反は契約違反であり，銀行に発覚すると，全額一括の返済を求められることもあります。近年よく見受ける例としては，住宅ローンで購入した自宅マンションを賃貸するケースです。資金使途違反にあたり銀行からの信用を失ってしまいます。

運転資金は，事業を日常的に運営するための資金です。製造業ですと，材料を仕入れ，従業員に賃金を支払い，製品を作ります。製品はすぐに売れるとは限らず，売れても代金は2か月後という条件だとすぐにはお金になりません。そのため，材料代や賃金を支払ってから，売掛金を回収できるまでに何か月もかかるので，その間に資金が不足する計算になります。反対に，材料を仕入れてから支払うまでに猶予がある場合はその分資金に余裕ができます。そこで，一般に運転資金は，在庫＋売掛金－買掛金と計算されます。

（2）　資金繰り表

運転資金を借りる場合，銀行から資金繰り表の提出を求められることがあります。資金繰り表とは，将来の資金（現金や預金）の収支を予測する表です。決算書（BS，PL）と異なり，法律や会計基準がないため，決まったフォームはありません。また，決算書は過去の情報であるのに対し，資金繰り表は未来の予測が中心です。上場会社が3か月ごとに作成するキャッシュフロー計算書は，資金繰り表と同じく資金に着目した計算書ですが過去の情報です。資金繰り表は，6か月先まで月ごとに作成することが多く，自転車操業的な資金状況の会社の場合，日ごとに作成することもあります。反対に潤沢な資金がある会社は，資金繰り表を作る必要はありません（▶図表4.4参照　資金繰り表）。

▶図表4.4は，融資を申し込む際に提出する月ごとの資金繰り表です。売上の回収や仕入，外注費の支払いタイミングを考慮して，数字や計算式を入れます。7月に，賞与支払いにより資金ショート（不足）を起こすことが分かります。したがって，それまでに短期の資金を調達する必要があります。また，月末で資金不足が生じてなくても，月中で不足するケースもありますので，月末時点で確保すべき資金額を設定しておくことも大事です。

融資の審査には1か月弱を要します。十分前もって銀行に相談しましょう。

▶図表4.4　資金繰り表

(単位：千円)

計算式（＊）	実績 '25年3月	予定 '25年4月	予定 '25年5月	予定 '25年6月	予定 '25年7月	予定 '25年8月	予定 '25年9月	備考
売上高 (A)	1,800.0	1,818.0	1,836.0	1,854.0	1,872.0	1,890.0	1,908.0	
仕入高 (B)=(A)×0.375	675.0	681.8	688.5	695.3	702.0	708.8	715.5	
外注費 (C)=(A)×0.225	405.0	409.1	413.1	417.2	421.2	425.3	429.3	
粗利 (D)=(A)-(B)-(C)	720.0	727.2	734.4	741.6	748.8	756.0	763.2	
前月繰越資金(現金+普通預金) (E)=前月(V)	320.0	294.1	320.6	174.9	217.0	△213.1	△155.4	
収入 売上代金 現金売上 (F)=(A)×0.2	358.0	363.6	367.2	370.8	374.4	378.0	381.6	
売掛金現金回収 (G)=前月(A)×0.8	1,405.0	1,440.0	1,454.4	1,468.8	1,483.2	1,497.6	1,512.0	
その他の収入 (H)	12.0	0.0	0.0	0.0	0.0	0.0	0.0	
計 (I)=(F)+(G)+(H)	1,775.0	1,803.6	1,821.6	1,839.6	1,857.6	1,875.6	1,893.6	
支出 仕入・外注費 現金仕入 (J)=(B)×0.4	268.0	272.7	275.4	278.1	280.8	283.5	286.2	
買掛金支払 (K)=前月(B)×0.6+前月(C)	830.0	810.0	818.1	826.2	834.3	842.4	850.5	
経費 賃金給与 (L)	320.0	320.0	320.0	320.0	800.0	320.0	320.0	7月に賞与を出す予定
支払利息 (M)=前月(U)×0.002	14.9	14.4	13.8	13.2	12.6	12.0	11.4	
上記以外の経費 (N)	60.0	60.0	60.0	60.0	60.0	60.0	60.0	
その他の支出 (O)	8.0	0.0	180.0	0.0	0.0	0.0	0.0	5月に税金の支払い
計 (P)=Σ(J)～(O)	1,500.9	1,477.1	1,667.3	1,497.5	1,987.7	1,517.9	1,528.1	
当月経常収支 (Q)=(I)-(P)	274.1	326.5	154.3	342.1	△130.1	357.7	365.5	
借入金増減 借入金 短期借入金 (R)	△180.0	△180.0	△180.0	△180.0	△180.0	△180.0	△70.0	8月に1契約完済
長期借入金 (S)	△120.0	△120.0	△120.0	△120.0	△120.0	△120.0	△120.0	
計 (T)=(R)+(S)	△300.0	△300.0	△300.0	△300.0	△300.0	△300.0	△190.0	
残高 (U)=前月(U)+(T)	7,200.0	6,900.0	6,600.0	6,300.0	6,000.0	5,700.0	5,510.0	
次月繰越資金(現金+普通預金) (V)=(E)+(Q)+(T)	294.1	320.6	174.9	217.0	△213.1	△155.4	20.1	7月に資金不足

（＊）　計算式は，表の作成方法を示すために記載しています。実際の資金繰り表では全部は記載しません。

▶§5 ＿ J-KISS 型新株予約権を用いた資金調達

▶▶1＿上場一直線──アプリ開発を例に

　ここ数年，大学生が起業して，数年で上場を果たすというようなことがあります。ここではその「上場一直線」の世界を紹介します。

❶　シード期　イメージしやすいよう今風にアプリの開発をテーマにします。毎年決まった日に，プレゼントを準備してくれるアプリです。家族や恋人の誕生日にプレゼントを用意するイメージです。予算を入力して家族の好みや生年月日を登録すると，喜んでくれそうなプレゼントをアプリが3択で提案，ユーザーはそこから選択するだけで，誕生日にプレゼントが届きます。

これが，アイデアのみという状態です。ベンチャーキャピタルの世界でシード期といいます。シードというのはタネのことです。

　このアイデアを具体的な形にするには，プログラミングだけでなく，アイコンなどユーザーインターフェースのデザインも重要です。プログラミングは自分でするとしても，デザインを外注するなら，そのためのお金が必要となります。

❷　**アーリー期**　　実際にiPhoneで使えるアプリの試作品ができるか，できる直前の段階を，ベンチャーキャピタルの世界ではアーリー期と呼びます。ベンチャー初期くらいの意味です。まだ，売上は1円も上がっていません。まだバグが多く，その修正に追われます。iPhoneの画面でアプリを動かせるようになると，広告をつけてくれそうな企業に対して営業活動を始めます。そうなると，企業回りの営業担当も置きたくなりますし，また，データの処理容量が大きくなり，サーバーも借りる必要が出てきます。開発を続けていくには資金が必要です。

❸　**ミドル期**　　ある程度バグがとれ，一定の無料顧客もつきました。スポンサーになっても良いというメーカーやブランドも見つかりました。粗削りながらアプリがリリースでき，少額ですが売上が立つ状態になりました。これがミドル期です。

　保険外交員や営業マン，ホステスなど当初予定していなかったビジネス利用のユーザーも生まれました。それらユーザーから請求書や領収証の発行依頼があり，それに応えるため新たな開発が必要となります。また，プレゼントの受け取りをコンビニでもできるようにするため，コンビニ各社との折衝や追加機能の開発が必要となります。加えて，利用料金の安いAndroidにも対応したいところです。これらを進めるためには，さらにお金が必要となります。

❹　**レイター期**　　まだ利益は全く上がりませんが，インフルエンサーに紹介され，利用者が急増します。プレゼントを贈る相手の写真をアップすると，それをAIが判定して，より好みに合ったプレゼントを提案できるようにしたいところです。これは社会を変える大発明になりそうです。いよいよ上場が見えてきました。そのため，監査法人や証券会社とも契約し，大きなお金を払いました。ますますお金が必要となります。この時期がレイター期です。

　このようにベンチャー企業の創業時には資金の調達の必要性が断続的にやってきます。そして調達する資金も最初は数百万とか多くても3000万円くらいだったのが，億となり，5億，10億と大きくなっていきます。

　億を超えるようなお金を集めるときは，会社の規模も大きくなっていて，弁護士などの専門家が，創業者とスポンサー双方の意見を聞き，分厚い出資契約書をオーダーメイドで作成することになります。

4章　　事業資金の調達　067

> ### ✍ トピック 4.2　ベンチャーとスタートアップ
>
> 　創業間もない会社や新規事業を「ベンチャー」と呼びます。ベンチャーは英語の adventure（冒険）の派生語で，冒険的事業や投機を意味します。1970年ごろに研究開発型の新興企業に対して使われ始め，1990年代にかけてビジネス分野で広く使われるようになりました。2014年の経産省の有識者会議では，『起業』に加え，既存企業が新たな事業に挑戦することも，ベンチャーとしています。
>
> 　これに対し，「スタートアップ」は革新的技術やビジネスモデルを用い，短期間で急成長や上場を目指す企業を指し，IT，医療，宇宙開発分野の企業が含まれます。スタートアップはベンチャー企業の一種であり，社会に革新をもたらす点が大きな特徴です。
>
> 　スタートアップ以外のベンチャーには，「スモールビジネス」があります。これは顧客の明確なニーズを効率的に解決する小規模な事業であり，既存の製品やサービスに代わるものを提供します。

▶▶2＿出資契約書

❶　**対立する要望**　では，オーダーメイドの出資契約書とはどのようなものでしょうか。創業者の立場からすると，経営や開発には口出しせず，お金だけを出して欲しいところです。開発には時間がかかりますし，完成時期の約束も難しいものです。

　反対に投資家としては，大金を手にしたベンチャー創業者が事業意欲を失い，その資金で歓楽街に繰り出す可能性を否定できず，かといって常時見張るわけにもいきません。多すぎる資金は渡したくないので，商品やサービスの開発が一歩進んで，次の大きな資金調達ができるまでの1，2年の限定された期間だけの約束で投資したいと考えます。また，後から投資する人においしいところを持っていかれたくないので，後からの投資家に与えられる条件は自分にも適用されるようにしておきたいでしょう。

　このように，様々な思惑が錯綜するところで，両方の利害が一致する点を探して作成される契約書，これがオーダーメイドの出資契約書になります。想像しうる様々な局面に対応した契約になるので，複雑で分厚いものになります。

❷　**多額の弁護士費用**　オーダーメイドの契約書の作成には，100万円といった高額の費用が発生します。法律家の労力の塊です。アーリー期以降はこうした費用をかけ，ベンチャー創業者も出資者も納得のいく新株を発行し，必要な資金を集めることになります。そして，この複雑な内容の契約を実現するには，会社設立時に発行した創業者が持っている普通株式とは異なる，特殊な内容の株式が用いられることが一般的です。これが種類株です。

❸　**種類株の活用**　1章▶§2の✍トピック1.1で説明したように，株式には，普

通株式のほか，種類株式があります。ベンチャー企業が投資家から多額の資金を調達する局面で用いられるのが，この種類株です。

代表的なものとしては，議決権はない一方，配当金等については，普通株よりも優先的に受け取れるように設計された種類株です。しかも，あとから参加する投資家が手に入れる種類株に有利に転換できる権利も付いています。

アーリー期に発行される種類株，つまりその会社が初めて発行する種類株をA種新株と名付けることが多く，そこまでの活動のことをシリーズAといいます。同様に，ミドル期にはB種新株を発行するのでシリーズB，レイター期はシリーズCなどと呼ばれます。レイター期では会社規模も大きく，会社の状態も多様ですから，D種やE種の新株を発行することもあります。

❹ **起業家と出資者の共通の目標——上場**　シリーズCを経て，証券取引所の上場審査を通ると晴れて上場です。上場すると新株発行により多額の資金が集められ，創業者の株の一部も売りに出せます。これまで出資してくれた人々も，ここで一部を売却して利益を確保します。ベンチャー企業に投資する者には，創業間もない企業にも出資する個人投資家や，成長性の高い企業に投資を行い，その成長をサポートする投資会社があります。前者をエンジェル投資家，後者をベンチャーキャピタルと呼びます。

上場時の新株発行は種類株ではなく普通株で行われます。また，この時点で，種類株は基本的に全て普通株に転換されます。これは，株式市場で自由に売買できるようにするためです。

▶▶3＿シード期の資金調達——J-KISS型新株予約権

さて，シード期の資金調達に話を戻しましょう。この時の資金調達は数百万円からせいぜい3000万円程度です。これに100万円の弁護士費用は大きすぎます。そこで考え出されたのが，新株予約権を使った資金調達です。ここでは，その契約様式が公開されているJ-KISS（ジェイキス）型新株予約権を解説します。

次のGoogleやfacebookを見つけようと，ITベンチャーへの投資が盛んだったアメリカのシリコンバレーでは，様々な投資契約の形が試されました。その結果，シード期における投資方法として，この新株予約権が用いられるようになり，KISS型として標準化されました。KISSとはKeep It Simple Securityの略で，「簡単」で「安全」にといった意味です。なぜ，アーリー期以降のような新株発行でなく，予約権かというと，将来が見通せないシード期では，会社の価値を評価することが困難だからです。そのため投資条件を固めるよりも，1，2年後のA種新株を発行するまで，条件を固めないまま資金調達する方が，創業者とエンジェル投資家双方にとって，簡便なのです。シリコンバレーで確立した本家KISS型の日本版として，ある

4章＿＿＿事業資金の調達　069

ベンチャーキャピタルが2016年にテンプレートを無償公開したのが，J-KISS型新株予約権です（ホームページ参照　https:coralcap.co/jkiss/）。

▶▶4＿ディスカウント条項とキャップ条項

　シード期にJ-KISS型新株予約権を使って資金調達した起業家は必死でシリーズAを駆け抜けます。シリーズAでも成功し，A種新株を発行してさらなる資金調達をするときは，出資者も事業価値を慎重に判断した上で，法律家などを入れてきちっとした出資契約を締結します。ですから，そのA種新株の発行は創業者と投資家が事業価値について熟慮を重ねた公正な取引といえます。

　そこで，シード期の投資では支援する金額だけを決めておき，シリーズAで発行されるA種新株で決まった契約内容をベースに新株予約権の内容を確定させる仕組みにしています。様々な取り決めが用意されていますが，大事な2つの条項を紹介します。

❶　ディスカウント条項　　1つ目はディスカウントです。シード期に投資したエンジェル投資家は，開発が始まる前，将来が全くわからない状態で投資するのに対し，A種新株を引き受けるベンチャーキャピタルはある程度開発の成果を見て投資します。後から投資する人よりも有利な条件でないと，エンジェル投資家は損した感じがします。そのため，J-KISSでは，後から投資するベンチャーキャピタルよりも20％有利な価格での株式転換を標準としています。

❷　キャップ条項　　もう1つが，キャップです。シリーズAで順調に資金調達できることは，エンジェル投資家にとってもうれしいことです。しかし，順調すぎると，会社の価値の上昇に伴い一株の価値も高騰します。2割引きの価格でも，エンジェル投資家が受け取る株数が少なくなり，会社での存在感が希薄になります。それは投資家には寂しい話です。

　そこで，シリーズAでは，せいぜい3億円の評価しか出ないだろうと思っていたのに，突然10億円といった評価がされてしまう場合に備え，例えば，6億円といった上限を設け，エンジェル投資家の受け取る株式割合を確保することがあります。これをキャップといって，エンジェル投資家に有利な条件です。

　シリーズを重ねて上場に至る過程の中で，会社に対する支配権を確保しながら，必要な資金を調達する，というバランスが重要です。**1章**（▶**§2**▶▶**3**・▶▶**4**）で紹介したように，株式会社の最高意思決定機関である株主総会での議決権の過半数（51％以上），できれば特別決議を通せる支配権（67％以上）を確保しておきたいところです。

5章 __ 財務分析とM＆A

▶ §1 __ 財務分析と経営指標

▶▶1__本節のねらい

2章 ▶§4では，BSとPLの2つの決算書について解説しましたが，上場企業ではBS, PL以外にキャッシュフロー計算書も作成します。経営をするうえでキャッシュフロー（資金収支）も重要だからです。3つの決算書には，それぞれ重要な項目が複数あり，その関係性を示す比率を経営指標といいます。これを過去と現在，または同業他社と比較して分析することを財務分析といいます。

財務担当者や経営コンサルタントは経営指標を使って会社の状況を説明しますので，それに耳を傾けられる程度の基礎的な知識をもつことが必要です。ここに挙げただけでも50以上の経営指標がありますが，全てを理解する必要はありません（▶図表5.1参照）。経営指標にも流行りがあり，特定の指標が注目されると，上場企業の経営者もその数字を改善しようと，様々な取組みを行います。

▶▶2__経営指標の名付けられ方

数多い経営指標ですが，大半が次の3つのパターンで名付けられています。このパターンに該当しない指標はその都度，検索するのが賢明です。

①パターン1「○○成長率」　前期と今期を比較して，何％増えたかという指標です。分母に前期の数字をいれ，分子は今期と前期の差になります。分母が前期の数字になるということだけ覚えておけばよいでしょう。

②パターン2「AB（比）率」　Aを分母に，Bを分子におきます。たとえば自己資本経常利益率の場合，Aの自己資本は分母に，Bの経常利益は分子におき，両者の比率を示します。ところで，この場合自己資本はBSの項目で，決算日の残高を指すのに対し，経常利益はPLの項目で，期首から決算日まで1年間の数字ですから，比較の時期が異なるという問題が生じます。このような場合はBSの項目（自己資本）は期首と期末の平均値をとります。

この「AB（比）率」パターンには，比較対象である分母のAを省略し，単に「B（比）率」とするものがあります。例えば，自己資本比率の場合，自己資本の比較対象を

071

▶図表5.1　各種の経営指標

①収益性を示す経営指標		
・売上高利益率	・売上高総利益率	・資本金経常利益率
・自己資本利益率（ROE）	・売上高営業利益率	・売上原価率
・総資本利益率	・売上高経常利益率	・売上高費用率
・(使用)総資本事業利益率	・株価収益率（PER）	・売上高販管費率
・資本金利益率	・総資本利益率（ROA）	・配当率
・資本経常利益率	・自己資本経常利益率	・配当性向

②安全性を示す経営指標		
・当座比率	・固定長期適合率	・利子負担率
・流動比率	・負債比率	・株価純資産倍率（PBR）
・固定比率	・自己資本比率	・営業CF対有利子負債倍率

③効率性や生産性を示す経営指標		
・自己資本回転率	・商品・製品回転率	・固定資産回転率
・経営資本回転率	・売掛債権回転率	・有形固定資産回転率
・資本金回転率	・現金預金回転率	・建物・設備回転率
・他人資本回転率	・総資本回転期間	・労働生産性
・借入金回転率	・棚卸資産回転期間	・資本生産性
・買掛債務回転率	・売上高営業CF比率	・労働分配率
・棚卸資産回転率		

④成長性を示す経営指標		
・売上高成長率	・自己資本成長率	・増収率
・固定資産成長率	・資本金成長率	・増益率
・総資本成長率	・利益成長率	

想像する必要があり，答えは総資本です。つまり，自己資本比率とは，総資本自己資本比率という意味になり，分母に総資本，分子に自己資本を置いて計算します。

　③パターン3「○○回転率」あるいは「○○回転期間」　パターン2の省略形と同様，比較対象が省略されています。多くは，売上高が，時には仕入高が省略されています。回転率は1年間に何回転するか，回転期間は1回転するのに何か月かかるかを示します。

　例えば，売掛債権回転率は年間の売上高を売掛債権の額で割ったものです。例年10回転だったのが急に5回転になると，売掛金の滞留が疑われます。

　先ほどと同様，売上高はPLの項目ですが，売掛債権はBSの項目です。したがって，売掛債権については期首と期末の平均値にします。

　回転期間の場合は，売掛債権の残高を月間の売上高で割って求めます。回転期間は，売掛債権を回収するまでの平均月数を表します。こちらも回転率と同様の目的で使います。売掛債権のほか在庫には不良資産が生じやすく，また決算書を実態よ

り良く見せる粉飾に用いられることもあります。それを見抜くため，回転率等の指標を活用します。

▶▶3＿レバレッジ効果

❶　**レバレッジ効果とは**　　レバレッジとは，てこの原理のことです。レバレッジ効果というのは，借入金を用いることで，元手に対する投資収益率を高めることです。**4章▶§4**で取り上げた不動産投資の例で説明します。

❷　**設例**　　土地が7000万円，建物1500万円，購入諸費用500万円で，総投資額9000万円でした。家賃が年間600万円，減価償却費が250万円，諸経費が80万円とします。もし，9000万円全額が自己資金なら，利息の支払いはないので，利益は270万円となります。9000万円の投資に対し，3％の利益です。

❸　**投資収益率の上昇**　　以上に対し，5000万円を金利0.8％で借り入れ，残り4000万円を自己資金にすると，利益270万円から利息の40万円を引いた230万円が税前利益になります。投資額4000万円に対し，利益率は5.75％となります。

❹　**借入れと経営**　　もちろん，借入れを増やせば，自己資金に対する収益率は高まります。しかし，些細なことで赤字に転落し，返済に困るでしょう。借入れのイメージは，経営という乗り物に外付けのエンジンをつけるようなものです。人力の自転車なら転んでも大けがはしません。しかし，自転車にスポーツカーのエンジンを搭載すれば非常に速いものの，少しのハンドルミスや路面状況次第で転倒し再起不能です。電動自転車か原付くらいが，速度と安全性を両立できます。

　借入れをマイナスの財産，悪いものと決めつけることは正しくありません。こうしたイメージは，親や教育者が，消費者金融からの借入れだけに焦点を当てているためでしょう。事業において，借入れはプラスでもマイナスでもなく，活用すれば成長を促進しますが，多用すると安全性を失います。

　当たり前ですが，全額自己資金で投資した時の収益率3.0％よりも低い金利（上の場合は0.8％）で資金調達するから，レバレッジが効くのであり，3％より高い金利だと，収益率は下がります。経営というのは，究極のところ，低い金利で資金を集め，高い利回りで運用することだ，ともいえます。

▶▶4＿損益分岐点売上高

❶　**損益分岐点売上高の式**　　商売をしていると，どれだけ売上げれば営業利益または経常利益がゼロになるか，という売上高が重要になります。それを損益分岐点売上高といいます。

　では，損益分岐点売上高の計算方法を確認していきます。

5章＿＿＿財務分析とM&A　073

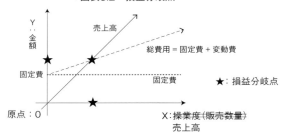

▶図表5.2　損益分岐点

> 損益分岐点売上高＝固定費／（1－変動費率）
> 　　　　　　　　＝固定費／（1－（変動費÷売上高））

　固定費は，事業の繁閑にかかわらず発生する費用で，変動費は，売上に比例して発生する仕入（原価）や経費です。固定費の例としては，正社員の給与，減価償却費，家賃などがあり，変動費には仕入，販売手数料などがあります。

❷　**変動費率とは**　　変動費率は，前述（▶▶❷）のパターン2の省略形で，正確には売上高変動費率です。売上高が分母，変動費が分子です。結局，変動費率は，売上高が100円増えたら変動費が何円増えるかを示します。

❸　**損益分岐点と損益分岐点売上高**　　▶図表5.2では，縦軸Yが金額，横軸Xが企業の活動状況，平たく言うと販売数量，すなわち操業度となっています。売上高は，販売数量に比例するので，正比例の実線のようになります。これに対し費用の方は，企業活動が無くても固定費が発生するため，原点Oを通りません。総費用は固定費と変動費を足したものですから，右肩上がりの点線のようになります。

　この▶図表5.2の売上高と総費用が一致するところが，損益分岐点であり，その時の売上高が損益分岐点売上高です。多くの説明書では，横軸Xの経営の操業度は，売上高と相関が高いため，Xを売上高としています。その場合は，損益分岐点売上高は，縦軸横軸ともに現れてきます。では，実際に損益分岐点売上高を計算してみましょう。

> 【設問】　1か月の固定費が60万円，変動費率が0.4の個人事業の場合，損益分岐点売上高はいくらになるでしょうか。

> 【答え】　固定費／（1－変動費率）＝60万円÷（1－0.4）＝100万円

　個人事業で利益ゼロだと生活できません。上記の設問で，生活費30万円分の利

▶図表5.3　中小企業BCP策定運用指針

[卸・小売業]

固定費	販売員給料手当，車両燃料費（卸売業の場合50%），車両修理費（卸売業の場合50%）販売員旅費，交通費，通信費，広告宣伝費，その他販売費，役員（店主）給料手当，事務員（管理部門）給料手当，福利厚生費，減価償却費，交際・接待費，土地建物賃借料，保険料（卸売業の場合50%），修繕費，光熱水道料，支払利息，割引料，租税公課，従業員教育費，その他管理費
変動費	売上原価，支払運賃，支払荷造費，支払保管費，車両燃料費（卸売業の場合のみ50%）保険料（卸売業の場合のみ50%）

注）　小売業の車両燃料費・車両修繕費・保険料は全て固定費。

益を出すとしたら，いくらの売上が必要になるでしょうか。売上の状態にかかわらず，確保しないといけない利益（生活費）というのは，固定費に似ているため，次のように計算します。この時の売上高を目標利益達成売上高と呼びます。

> 【答え】（固定費＋目標利益）÷（1－変動費率）＝150万円

❹　**損益分岐点分析の難しさ**　　損益分岐点は，どの経営分析の本にも書かれている基本的な考え方です。しかし，実際の活用は，容易ではありません。原因は2つあります。

　第1に，お店を営むと分かりますが，季節変動や天気や曜日に左右されます。また，同じ1か月でも28日の月と31日の月があり，そもそも毎月同額の売上高という目標自体が不適切です。そのため，1年よりも短い期間，例えば1か月ごとに損益分岐点分析を使う時は，季節変動，曜日変動などを考慮して，各月に固定費を配分する必要があります。

　第2に，より根本的な問題ですが，変動費と固定費の分類は単純ではありません。例えば，正社員に払う人件費は，通常は固定費と考えます。確かに売上不振でも，約束した月給を減額することはできません。他方，非常に繁盛して，毎日残業が発生した場合，売上に一部比例する形で残業代が発生し，ボーナスも弾まないといけません。

　このように人件費は単純な固定費ではなく，変動費の要素も含んでいます。水道代や電気代も，厳密に言えば，固定費の要素と変動費の要素が混在します。

　この問題に関しては，中小企業庁が固定費と変動費を区分するプラン（▶図表5.3）を案内しています。卸売業・小売業用のほか，製造業と建設業向けのものが公開されています。

5章＿＿財務分析とM&A　　075

▶ §**2** ＿ M&A

▶▶1＿価格の三面性と三面等価

　M&Aについて解説する前に，価格の決まり方について説明します。経済学によると，いかなる物の価格も「価格の三面性」によって決まると，考えられています。この三面性とは，①費用性，②市場性，③収益性を指します。

　①費用性：そのモノを手に入れるのにかかった費用から計算

　②市場性：そのモノを市場で売ったときの売価から計算

　③収益性：そのモノを活用することで，将来に渡ってどれだけの利益を生むかという視点から計算

　この三面の価格が1つの値に収束するという理論を用い，価値の不明なものの価格を算定する技術があります。とくに，中古品や土地のように世の中に1個しかないものを評価するときに意識される原理です。土地の価格を鑑定する不動産鑑定士の世界はまさにこれです。

　価値の不明なものに値段をつけるときには，この3つそれぞれを考慮すると良いでしょう。腕の良い職人さんと話していると，値段の付け方が費用性からのアプローチでしかないことがあります。この材料がいくらで，自分の日当がいくらで，と。しかし，お客さんがその仕事でどれだけ将来収益が上がるかという視点で値段を付けると，全く異なる値段になるかもしれません。

▶▶2＿買収価格の決め方

　M&Aでの買収価格の決め方も価格の三面性を利用します。M&Aで用いられる評価手法も大きく3つあります。それぞれの特徴は次のとおりです。

❶　コストアプローチ　　過去の原価に注目する方法です。コストアプローチと呼ばれます。

　(1)　簿価・純資産法　　BSにおける純資産の部の合計額がその会社の価格とする方法です。即座に計算できますが，それでは誰も納得しません。

　(2)　時価純資産法　　BS上の資産，負債を時価に置き換えます。全てを評価替えするのは大変ですから，時価が簡単に入手できるものと，時価と簿価に乖離が生じる重要なものに絞り，置き換えます。修正したBSの純資産額を株価とする方法です。

　(3)　年買法（年倍法）　　時価純資産法だと，会社を解散して得られる価値（解散価値）とほぼ同じになり，事業を継続する価値（のれん）が評価されません。そこ

076 ｜ 第Ⅰ部＿＿企業法制と財務（ファイナンス法務）の基本をつかむ

で時価純資産法をベースに3年分程度の利益を加算して評価する方法もあります。年買法（年倍法）と呼ばれます。簡単に計算でき，中小企業経営者も理解しやすいので，よく用いられますが，評価方法としては根拠が希薄だといわれます。

❷　マーケットアプローチ　　次に，同業の上場企業と比較し，その上場企業が株式市場で受けている評価すなわち株価をベースに，会社を評価する方法があります。マーケットアプローチといわれます。上場を準備するような中堅企業の評価には有用ですが，零細企業には意味があるのか疑問です。

　M&Aの世界でよく使われるものに，EV／EBITDA倍率があります。分子にEV，分母にEBITDA（Earnings Before Interest, Taxes, Depreciation, and Amortization。イービットダー，エビットディーエなど読み方が一定しません）を置きます。EVというのは事業価値（enterprise value）という意味で，全株式の価値に有利子負債（主に銀行借入れ）を足して，現金預金を引くと説明されます。EBITDAにも一定の定義はありませんが，税引き前利益に支払利息と減価償却費を足したものと紹介されます。

　そして，このEV／EBITDA倍率が，一定の範囲内（5〜8倍あるいは3〜10倍）に収束するというのですが，3から10までの開きがあるため，どこまで参考になるのかは疑問です。M&Aの取引事例を豊富に集め，業種や規模ごとに，この倍率が絞り込めるなら，逆算で事業価値や株式価値が算定できます。

❸　インカムアプローチ　　将来の収益やキャッシュフロー（ここではCFと略します）から現在の価値に割引計算（ディスカウント）する方法を，インカムアプローチといいます。

　（1）ディスカウントキャッシュフロー法（DCF法）　　現実に達成できそうな事業計画を策定し，そこから毎年得られるCFを現在価値に割り引いて計算します（✍トピック5.1参照）。そのトータルをその会社の価値とする評価法です。ディスカウントキャッシュフロー法と呼ばれています。しかし，景気の波を受ける事業の将来CFを予測することは容易ではありません。

　（2）収益還元法　　不動産投資の場合は，CFが一定額になる傾向があるためDCF法も容易に計算できます。CFと収益率が一定の場合のDCF法を収益還元法と呼びます。たとえば，家賃収入が年間120万円の区分マンションがあり，通常の収益率（利回り）が8％とすると，その区分マンションの価値は，1500万円（＝120万円÷8％）と計算できます。インカムアプローチでは，割引率を何％に設定するかが大きな問題です。

　結局，万能の計算法は無く，3つのアプローチで計算し，M&Aの当事者が納得できる価格を探します。

🔖 トピック 5.1__割引現在価値

　同じ100万円でも，今すぐ受け取る場合と10年後では，価値が異なります。前者の方が10年間資金を運用できるため，価値が高いのです。

　割引現在価値とは，例えば10年後に受け取る100万円を今の価値に合理的に計算したものです。この割引計算には，「割引率（ディスカウントレート）」を用い，それは金利や物価に加え，事業のリスクを加味して設定します。

　現在価値は，次の式で計算でき，例えば，割引率が1%で10年後に100万円を受け取る場合，905,287円になります。

> 現在価値＝将来受け取る金額÷(1＋割引率)^{年数乗}
> 　　　　＝100万円÷(1＋0.01)^{10}＝905,287円

　このように，将来得られる金額を現在の価値に換算することで，複数の投資プランを比較して検討できます。なお，現在価値はエクセルのPV（present value）関数を用いれば，簡単に計算できます。

▶図表5.4　中小企業のM＆A実施状況　　　　　　　　　（単位：件）

年度	2013	2014	2015	2016	2017	2018	2019	2020
中小企業M＆A仲介上場3社	182	241	312	414	534	612	710	760
事業継承・引継ぎ支援センター	33	102	209	430	687	923	1176	1379

（出所）中小企業庁HPより。

▶▶3__M&Aの増加

　M&Aという言葉は，もともと合併（Mergers）と買収（Acquisitions）の頭文字からできていますが，合併は許認可や法規制の関係で容易でないことから，単に買収の意味で用いられることが多いようです。また，会社全体ではなく，特定の事業だけを譲渡するケースにも使われます。

　中小企業庁によると上場企業なども含めた日本国内でのM&Aの認知件数は，2008年のリーマンショックにより一時的に減りましたが，その後，アベノミクスとともに増加し，2019年には4000件を超え，過去最高となりました。2020年はコロナ流行の影響で減少しましたが，その後も4000件を超える状況で推移しています。また，役所に認知されていない取引も相当数あると考えられます。▶図表5.4を見ても近年のM&Aの増加傾向が読み取れます。なお，上段は中小企業のM&Aのシェアが高い上場3社（M&Aセンター，ストライク，M&Aキャピタルパートナーズ）による仲介件数です。

▶▶4＿M&A仲介を利用する上での注意点

　M&Aはルールが未整備の分野で，仲介手数料の上限規制もありません。大手M&A仲介業者の手数料は，売り手，買い手双方から受け取る上，最低料金も2000万円などと高額です。双方から2000万円ずつという業界なのです。

　また，売り手は人生をかけて営んだ事業を手放すのに対し，買い手は「購入できなくても別の案件を探せばよい」というスタンスの違いがあります。買い手はその事業に一生をかける必要性もなく，資金さえあれば次々と購入することもできます。そうなると，仲介業者にとっては，反復して顧客となる買い手の方が利益につながるため，仲介業者が買い手に有利に行動する傾向が生じ，倫理的な問題を生じます。そのため売り手と買い手双方から手数料を受け取るビジネスは，外国では違法になることもあります。

▶▶5＿事業承継・引継ぎ支援センター

❶　事業承継・引継ぎ支援センターとは　　▶図表5.4の下段は事業承継・引継ぎ支援センター（以下，支援センターといいます）の仲介件数です。支援センターは，国が設置する相談窓口で各都道府県にあります。

　国の調べによると，2010年に380万社に達した中小企業が徐々に減少し，団塊の世代（1946〜1949年生まれ）が75歳を超える2025年には3分の2に当たる245万社で経営者が70歳以上になります。しかも，その半分が後継者不在です。こうした未来予測に基づき，国が危機感をもって設置したのがこの支援センターです。

　公的機関で手数料が安いため，多くの相談が寄せられています。件数が多く全てに対応できないため，民間業者が引き受ける案件は全て民間に回し，業者が敬遠する案件を中心に支援センターが担当します。例えば，高額な仲介手数料を負担できない零細企業や，株主が何十人もいて，すぐに売却できないような難解な案件に対応しています。

❷　後継者人材バンク　　支援センターでは，後継者人材バンクも運営しています。創業希望者も登録できますから，しばらくは法人化せず個人で活動する方は，試しに登録しておくのも一策です。このパターンでのマッチング例として，創業300年の老舗漢方薬局を女性の薬剤師が承継した事例があります。

　事業承継をきっかけに起業することも，検討すべきルートかもしれません。創業した当初，仕事がなく時間を持て余すことも多々あります。また，経理や税務の手続き，給与計算や社会保険事務などに想像以上に時間をとられることもあります。その点，既存の会社を取得した場合，事務の流れが出来上がっており，無駄が少なくて済みます。また，既存事業の課題を解決しつつ，IT化等による合理化をすすめ

5章＿＿財務分析とM&A　079

る一方，本来やりたかった事業を新規事業として取り組むことも一つの戦略です。既存事業と新規事業のシナジーも期待できます。シナジーとは，1＋1が3や4になる相乗効果をさす言葉です。

とはいえ，事業承継の現実はそんなに甘くありません。事業への情熱，資金力，それから，経営マネジメントへの理解が揃っていないと成功しないことが多く，マッチング後の3割は成長，4割は低空飛行，3割は廃業となるのが現実です。後継者登録するかは別として，支援センターではセミナーを開催していますから，それに参加するのも良いでしょう。

▶§*3*＿M&A の手続の流れ

▶▶1＿買い手企業の見つけ方

一昔前のM&Aといえば，従業員や親戚，主要な取引先など，もともと人間関係や信頼関係のある中で直接取引を行うケースや，顔が広く信頼できる人（銀行員，税理士，同業者団体の役員など）に依頼して紹介を受けるケースがほとんどを占めていました。

近年は，M&Aの仲介業者を活用し，広く買い手候補を探すことが多く，高額な仲介手数料が負担できない場合は，前述の支援センターに登録するか，仲介料が低額のマッチングサイトに登録することが増えています。ここでは，仲介事業者を選定しM&Aを行う場合について，標準的な手順を説明します。

▶▶2＿売り手企業の手続

売り手企業が行う手続は，仲介業者の選定，買い手企業の仮選定，具体的な条件の取決めと実行の3つに区分できます。

❶　仲介業者を選定するプロセス

①無料の個別相談を経て，仲介業者と秘密保持契約を締結します。

②基礎的な資料（法人税の申告書，決算書（BS，PL），勘定科目の内訳書など直近3年分，直近の試算表など）を仲介業者に渡します。この際，売り手側で把握している決算書上の問題があれば，仲介業者に説明します。例えば，計上している現金が存在しない，売掛金の中に回収不能のものがある，棚卸在庫に長期売れ残りがある，などです。把握している問題を説明しないと，後で問題が判明しトラブルになる可能性があります。

③仲介業者が，決算書の数字をもとに簡易な企業評価書を作成します。

④企業評価書をもとに，仲介業者と協議し次の2点を確認します。売却の目標額

o8o　　第Ⅰ部＿＿＿企業法制と財務（ファイナンス法務）の基本をつかむ

と，その金額で売却した場合に支払う仲介手数料です。

　⑤売却目標額と仲介手数料に納得できたら，専任仲介契約を締結します。これにより，契約期間中はこの仲介業者を介さずに会社を売ることはできなくなります。専任仲介契約の締結前後に，追加の会社資料を提供します。要求される資料としては，組織図，役員の略歴，不動産の登記事項証明書，減価償却資産の一覧表，業務フロー，主要な契約関係の概要，許認可証などがあります。

❷　買い手企業を仮に選定するプロセス　⑥仲介業者はノンネームシートを作成します。ノンネームシートとは，A4用紙1枚程度の案内資料で，売り手企業が特定されないようにした売り案件資料です。売り手の確認を得たうえで，このシートを買い手候補の企業に案内します。

　⑦同時に，仲介業者は売り手から入手した詳細資料などをもとに，企業概要書を作成します。企業概要書には，株主，経営者，従業員，保有不動産，借入れの状況，ビジネスの流れ，決算の内容など，通常，買い手企業が検討するうえで必要となる事項が記載されます。企業概要書は，秘密保持契約を締結した買い手候補の企業に開示されるものです。

　⑧企業概要書を確認したうえで，購入を希望する企業が現れると，トップ面談を行います。場合によっては，同時に現地（会社や工場など）の視察を受け入れます。経営理念や経営姿勢など言葉や数字に現れない企業文化を相互に話し合い，従業員の処遇など希望を伝えます。

❸　選定した買い手企業と具体的な条件を取り決め，実行するプロセス

　⑨トップ面談を経て，契約に向けた条件交渉を行い，仲介業者を介して買い手企業の意向表明書を受け取ります。

　⑩意向表明書の内容を検討して，大きな方向性や条件等に乖離が大きくなければ，条件を詰めて，基本合意書を締結します。基本合意に達したことで，一部，仲介手数料の支払いを求められることがあります。

　⑪通常このタイミングでデューデリジェンス（Due Diligence）が行われます。デューデリジェンス（以下DDと略します）とは，投資先から入手した情報の正確性を調査することを指し，リスクの所在や程度を把握するために行います。DDは，会計士や税理士といった専門家により，財務面を行うのが一般的で，場合によっては法務面やビジネス面，また近年は労務面も行うことがあります。DDの費用は，基本合意書次第ですが，買い手が負担することが一般的です。とはいえ，DDを行う専門家からの質問に対応し，社内資料を提供することは売り手企業の負担になります。DDの対応の精神負担が重く，M＆Aを断念したくなることもあります。

　⑫DDの結果を経て，最終の条件調整を行い，合意に至れば最終契約書を締結します。この際，売却代金等の一部が支払われます。

5章＿＿財務分析とM＆A　081

⑬契約締結後も，会社の引き渡しには会社法上の手続が必要です。また，社長が銀行等に対して負っている連帯保証債務の解除の手続もあります。1つ1つの契約内容が実行され，その進展に伴い，段階的に代金が支払われます。

⑭契約内容の実行がある程度進んだ段階で，順次，金融機関，従業員や取引先などに説明をします。この局面をディスクロージャー（情報開示）と呼ぶことがあります。誰しも秘密を長く抱えることが難しいため，買い手や仲介業者との約束を守れず，早期に関係者（特に幹部従業員や取引先）に漏らし，トラブルになることがあります。

⑮主要な引き継ぎが完了しても，1年から3年程度，相談役として会社に籍を残し，経営の引き継ぎを続ける場合もあります。

▶▶3＿買い手企業の手続

買い手企業の手続としては，基本的には売り手企業の反面になります。

①仲介業者から提供を受けて，売り手企業のノンネームシートを検討します。

②仲介業者と秘密保持契約を締結します。

③企業概要書の提供を受けて，購入を検討します。検討に際しては，秘密保持契約を締結しますので，情報が漏れないよう最小限のチームで行います。

④仲介業者と仲介契約を締結します。この際，一定の仲介手数料を支払うことがあります。

⑤トップ面談と現地視察を行います。

⑥トップ面談を経て，契約に向けた条件交渉を重ね，仲介業者に相談しながら，買収の意向表明書を作成します。意向表明書は，購入に関する条件提示とその理由，従業員等への処遇，代金等の支払方法，DDの実施方法などを買い手企業の希望として提示する文書です。この文書は，次の段階の基本合意書の骨子となるものであり，不動産の売買取引における買付証明書に相当します。

⑦基本合意書を締結します。この時点で，仲介手数料の一部を支払います。

⑧DDを行う専門家を選任し，特に確認したいポイントなどを依頼します。

⑨DDの結果を踏まえ最終の条件調整を行い，合意に至れば，最終契約書を締結します。

⑩契約内容の実行については，売り手の手続きと同様，段階的に行います。

⑪ある程度進んだ段階で，順次，関係者にM&Aの事実を開示します。

☕ コーヒーブレイク5.1__報酬とレーマン方式

　M&Aに際して仲介業者に支払う報酬は，相談料，着手金，月額報酬，中間報酬，成功報酬，専門家報酬などの形式をとります。高額な仲介料が発生する場合は，成功報酬に比重が置かれる傾向があります。また，現在は売り手企業よりも買い手企業の方が数倍多いため，売り手は成功報酬を最終合意時点で支払うことが多く，買い手企業は，トップ面談に入る際や基本合意書締結時点で中間報酬を払うことが多いようです。

　仲介料の計算方法は，不動産の仲介手数料と同様でレーマン方式を採ることが一般的です。レーマン方式とは取引額が大きくなるに従い，手数料率が段階的に下がる計算法です。所得税の計算に用いる超過累進税率に似ていますが逓減するところが違いです。▶図表5.5はある大手M&A業者の料率の速算表です。

　また，現在は買い手希望の企業が多いため，買い手の報酬よりも売り手の報酬が低くなるよう，取引金額の計算方法が工夫されます。すなわち，売り手には，取引額を株式の評価額のみとする場合や，株式評価額に役員退職金を加算した受取額とする計算方式などがあります。これに対して，買い手には負債額を含んだ時価総資産額を採用する場合や，事業価値（EV：株式評価額＋有利子負債－現金預金（▶§**2**▶▶**2**参照））とする場合などがあります。

　売り手で仲介手数料が高額になるケースでは，交渉次第で大幅な値引きが受けられます。

▶図表5.5　レーマン方式による仲介手数料速算表（例）

取引金額	料率	加算額	備考
5億円以下	5%	0円	最低料金2500万円
10億円以下	4%	500万円	
50億円以下	3%	1500万円	
100億円以下	2%	6500万円	
100億円超	1%	1億6500万円	

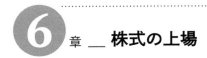

6章 株式の上場

▶§1 上場と国内の証券取引所

▶▶1 経営目標としての上場

「上場(じょうじょう)」とは，企業が発行する株式を証券取引所で売買できるように，証券取引所が資格を与えることをいいます。

起業家の中には，この上場を最終の目標，あるいは通過点と考えている人もいるでしょう。上場はスムーズにいっても3年，長いと万年上場準備という世界です。国内に300万社ある会社の中で4000社しかない上場企業になれるかどうか，それは大きなチャレンジです。上場は，社長1人では成し遂げられず，役員や従業員，社外の関係者の助けを借り，取り組む必要があります。

この章は，ベンチャー企業が上場する際に助けとなる関係者，スケジュール感を大雑把に把握することを目標としています。

▶▶2 新規上場する会社の数

ここ数年，毎年100社程度が新規上場する状況が続いています（ただし，後述のTPM市場を除きます）。監査法人や証券会社と契約をして，上場の準備している会社が1000社程度ある状況からしても，年間100社程度しか上場できないという現実は，新規上場のハードルの高さを示しています。反対に，上場を廃止する会社も毎年50から80社程度あります。上場廃止する会社の大半が，企業グループ内の組織再編によるものです。

▶▶3 国内の証券取引所──東京一極集中

日本初の公的な証券取引所は，1878年（明治11年）に設立された東京株式取引所です。現在の東京証券取引所の前身にあたる組織で，全国に10の支所を設けました。太平洋戦争の混乱ですべての証券取引所が閉鎖されましたが，戦後，各地方の中核都市に取引所が設けられ，1949年には全国に9つの証券取引所がありました。

今から25年前は，大阪はもちろん京都にも証券取引所がありました。当時，東京の取引所には2000もの会社が上場していましたが，京都では100ほどにすぎず，

なぜ地方都市に株式市場は存在するのか疑問に感じる状態でした。2001年には京都の取引所が大阪に統合され，その大阪の取引所も2013年に東京に統合され，全国に9つあった証券取引所は，現在4つだけになりました。

　2024年3月現在，東京証券取引所に上場している会社の数は4000社弱です。これに対して，名古屋，福岡，札幌の証券取引所にだけ上場している会社は，3市場合わせても約100社だけです。東京の取引所と重複登録の会社も含めると500社くらいあるものの，東京一極集中が進んでいます。

▶§**2** ＿ 上場のメリットとデメリット

▶▶1＿上場のメリット

❶　**資金調達の多様化**　　上場のメリットは何と言っても資金調達です。新株を発行したり，社債を発行したり，証券市場を通じて広く直接資金を集められます。これを直接金融と呼びます。これに対し，預金者の預けた資金を，銀行を経由して，融資という形で調達することを間接金融といいます。

　元来，間に銀行が入らない分，直接金融の方が間接金融よりコストが低いと考えられましたが，社債等は証券会社に販売してもらう必要があるため，必ずしも直接金融が低コストとは限りません。上場企業の中でも大手や有名企業の証券発行でない限り，証券会社が敬遠し，現実には，上場企業も銀行借入れで資金を調達していることが一般的です。

❷　**知名度と信用の向上**　　第2のメリットは，会社の知名度や信用の向上です。これは，得意先の開拓や人材確保にも力を発揮します。上場の際に報道され知名度が上がります。また，厳しい上場審査を通過し，上場廃止基準に抵触せずに上場を維持できているだけで，倒産の確率は非上場の会社に比べ相当低いといえます。銀行や取引業者は開示された決算書を分析し，信用の程度を把握できます。上場していることは，信用の向上につながり，様々な局面で企業活動が営みやすくなります。

❸　**創業者利益の確保**　　最後は，創業者の利益の確保です。多くの会社創業者は，財産の大半が会社の株式です。これを複数の子に残そうにも，株で分けてしまうと，兄弟げんかが起きた時に大変になります。株を受け継ぐ人は1人だけにして，残りの子にも財産を分けてやりたいが，お金がないということが起きるのです。このような時に上場できていたら，上場時に売り出した株式の代金で，事業を継がない子にも財産を分けてやることができます。

❹　**連帯保証からの解放**　　中小企業の社長は，たいてい会社の借入れに対し，個人で連帯保証をしています。(☞**7章**▶§**4**参照) そのため，会社が万一倒産すると，

社長の個人財産で補填しなければならず，多くの場合，会社と一緒に破産します。一昔前までは，会社が上場すると，原則として連帯保証を外すことになっており，これが，上場の大きなメリットの1つでした。現在は，経営者保証のガイドラインが策定され，未上場の会社でも連帯保証を外せる道ができました。このメリットは上場固有のものではなくなりました。

▶▶2__上場のデメリット

❶ **情報開示（ディスクロージャー）の負担**　　まず，上場に伴い株主の数が激増するため，毎年開催する株主総会の会場費も大きくなります。会計その他の情報開示を年に4回も行い，事業が不調な時も苦しい情報開示を続ける必要があります。

❷ **乗っ取りのリスク**　　上場すると誰でも証券市場で株を購入して株主になることができます。会社に魅力が乏しく，株価が低迷していると，ハゲタカファンドに目をつけられ，敵対的買収を受けることもあります。そうなると，自分が築き上げた城が乗っ取られるかもしれません。

❸ **「法」の遵守**　　最後に，「法」の遵守（コンプライアンス）があります。会社自体の不祥事は当然のことですが，上場企業の社長は有名人ですから，本人や家族のスキャンダルでも名前がテレビや新聞に出ます。それはそれで，プレッシャーになるのです。

▶▶3__上場することの意義

❶ **株主の投下資本の回収手段の確保**　　1章▶§2▶▶4で説明した通り，株主は出資の払戻しを受けられない代わりに，株式を自由に売却できるのが原則（株式譲渡自由の原則）です。しかし，多くの会社では譲渡制限を設けており，株主は投下資本の回収が難しい実状があります。会社が上場することは，株式会社制度が予定する姿に戻すことであり，それが上場の本来の意義でした。

❷ **信用の増大**　　市場を通じて投資家同士が株式を売買します。株式市場への信頼が失われないよう，決算書の適正性，財務情報の開示の適時性などが確保され，企業の透明性が高まり，その結果，上場は会社の社会的信用を増大させるという大きな意義を生じました。

❸ **社会の公器として**　　このように上場企業の社会的信用は増大しますが，同時に社会の発展に貢献することを社会から期待されるようになります。「企業は社会の公器である」という言葉はパナソニックグループの創業者松下幸之助さんの言葉です。オーナー経営者の私物から脱し，社会の公器になることを宣言すること，起業家や株主の利己的な損得を超え，積極的に社会的責任を負う主体を目指すことが，今日的な上場の意義といえます。

086　　第Ⅰ部＿＿企業法制と財務（ファイナンス法務）の基本をつかむ

☕コーヒーブレイク6.1＿非上場化の流れ

　厳しい上場審査を経て晴れて上場した企業の中には，上場グループ内の組織再編で合併されたり，他企業に買収されたり，不正経理などで監査証明が得られないなどやむなく上場廃止するケースがあります。しかし，近年は上場のメリットが得られない，デメリットが大きいなどの理由から，上場廃止を自発的に選択する企業が現れています。

　具体的な理由としては，①上場という形式に頼らずとも十分な知名度がある，②情報開示（ディスクロージャー）や株主総会開催などの負担を回避する，③企業統治（コーポレートガバナンス）の見直しの結果，会社組織を簡略化し，意思決定を迅速化する，④四半期ごとの業績にとらわれた近視眼的経営から脱却し，長期目線で大きなプロジェクトに取り組む，といったことが挙げられます。

▶図表6.1　自発的に上場を廃止した有名企業

廃止年	社名	形式	主な理由
2010	幻冬舎	MBO	上場維持コストの削減
2016	アデランス	MBO	抜本的な経営改革
2023	東芝	ファンド	抜本的な経営改革
2024	ベネッセHD	MBO	抜本的な経営改革
2024	大正製薬	MBO	迅速な意思決定，長期視野の経営
2024	永谷園HD	MBO	迅速な意思決定，海外市場への展開

MBO：経営陣を中心とした買収（Management Buy Out）

▶§3 ＿ 国内市場の種類

▶▶1＿本則市場と新興市場等

　現在，国内には，東京証券取引所（東証）のほか，名古屋，福岡，札幌に証券取引所があり，それぞれメインとなる「本則市場」と呼ばれる市場とは別に，新興企業向けの市場（新興市場）を開設しています。

　それぞれの取引所の新興市場には東証グロース（東京），ネクスト（旧セントレックス　名古屋），Q-Board（福岡），アンビシャス（札幌）と独自の名前がついています。

　なお，東京証券取引所（東証）と名古屋証券取引所（名証）は，2022年の市場区分の見直しにより，本則市場という概念はなくなり，東証はプライムとスタンダードに，名証はプレミアとメインにそれぞれ整理されました。本書では，これらの市場について，便宜上本則市場と表現しています。

　これ以外に，東証には，TOKYO PRO Marketという市場（TPM市場）があります。他の市場と異なり，株式投資の知識や経験が豊富なプロ投資家だけが参加できる市

場です。

▶▶2__新興市場

❶ **共通点**　いずれの新興市場も将来の成長性が重視されており，高成長の企業が上場しやすいよう，事業継続年数が1年だけ，純資産や利益の額について満たすべき基準がないなど，本則市場に比べ緩やかな基準が設定されています。

❷ **東京証券取引所（東証）グロース市場**　株主数150人以上，流通株式の時価総額5億円以上など，他の新興市場に比べ上場基準が厳しいのですが，国内最大かつ世界市場である東証での上場になるため，他の新興市場に比べ優位性があります。

❸ **名古屋証券取引所（名証）ネクスト（旧セントレックス）**　株主数150人以上，見込み時価総額：3億円以上と，東証グロース市場よりは基準が緩和されており，Ⅱの部（後述▶**§5**▶▶**5**）という資料の作成が不要であるなど，東証のグロース市場に比べ，審査もスピーディです。もともと，中部地方における中小企業の活性化を目的に開設されましたが，上場のハードルの低さから，関東圏の企業の上場も多いそうです。

❹ **福岡証券取引所（福証）Q-Board**　本店または事業拠点が九州，中国地方，四国，沖縄にある企業で，株主数200人以上，見込み時価総額3億円以上などの基準となっています。市場の名前のQは，九州の「Q」，Quality（品質）やQuarterly（四半期開示），Quick（すみやかな審査）の頭文字から採用されました。審査基準は緩めですが，上場後3年間は年2回の投資家向けの説明会が必要であるほか，上場後3年ごとに事業の現状および今後の事業展開などを記載した書類を提出しなければなりません。

❺ **札幌証券取引所（札証）アンビシャス**　北海道に関連する企業で，株主数100人以上，時価総額基準はなく代わりに純資産の額1億円以上など，特徴的な申請要件を設けています。一時，セントレックス（現ネクスト）やQ-Boardよりも基準が緩いとされ，北海道と関連性の低い企業の上場が相次ぎましたが，現在は是正されています。

▶▶3__本則市場

　東証では，2022年からプライム市場とスタンダード市場の2つに分かれています。スタンダード市場は，株主数400人以上，流通株式時価総額10億円以上などの形式基準が設けられています。さらに，プライム市場になると，株主数800人以上，流通株式時価総額100億円以上などとなっており，非常に高い基準となっています。2024年3月時点で，東証スタンダード市場に上場する会社の数は1609社，プライム市場は1651社に上ります。

　すでに一定の知名度のある会社や安定成長に入っている企業が，本則市場等への

088　第Ⅰ部____企業法制と財務（ファイナンス法務）の基本をつかむ

上場を行います。2023年に新規株式公開した96社のうち，東証スタンダードに上場した会社は23社，プライム市場に上場したのはKOKUSAI ELECTRICと楽天銀行の2社だけでした。

▶▶4__プロ投資家向け市場——TOKYO PRO Market

TOKYO PRO Market（TPM市場）は，東証に設けられた特殊な市場で，他の市場と異なり，株式投資の知識や経験が豊富なプロ投資家だけが参加できます。プロ投資家とは，上場企業や会社法上の大会社，海外法人などに加え，3億円以上の資産を有する個人などで，東証で個別に認定を受けた者を指します。この市場では，株主数，上場時価総額，事業継続年数，利益額，資産額などの基準がなく，事業の成長性についても要件とされていません。上場のハードルが非常に低いことから，上場企業としての質を確保するため，J-Adviser制度を採用しています。J-Adviserとは，東証から上場のプロフェッショナルとして認定された企業で，大手証券会社などが認定されています。TPM市場への上場を目指す会社に上場準備のサポート，上場適格性の調査・確認，上場後のモニタリングを行います。TPM市場に上場する会社は，上場後も継続的に上場企業の義務が果たせるように，J-Adviserとの契約を維持しなければなりません。

福岡証券取引所にもTPM市場と同様のFUKUOKA PRO Marketが準備され，2024年12月開設予定です。

▶§4 __ 上場準備を支える関係者

▶▶1__主要メンバー

上場の主人公はそれを目指す企業ですが，上場までの期間，伴走してくれる存在がいます。

❶ **監査法人** 監査法人は，公認会計士が集まった民間企業です。上場すると，株式市場を通じた資金調達が可能となり，参加する関係者の数も取り扱われる金額も大きくなります。株式市場で粉飾決算による詐欺的な資金調達が行われると，市場全体が社会的な信頼を失い，世界の投資家からも見放されてしまいます。

そこで，会社の行う決算はもちろんのこと，決算書を作り上げるまでの体制が整備されていることを確認するため，会計のプロである公認会計士（監査法人）が独立した第三者の立場で監査し，証明書を発行します。

❷ **主幹事証券会社** 次に重要なのが証券会社です。その中でも上場時の新株発行を引き受ける主幹事の証券会社とのやり取りが重要です。上場を目指す会社の新

6章___株式の上場 | 089

規性などをアピールし，市場の注目度を高め，より良い条件での新規株式公開を目指します。

上場を果たすのに重要な役割を担うとともに，上場準備の会社に申請書の作成から社内体制の整備など細かく助言します。主幹事の報酬は公募価格総額の7〜8％，数千万円はくだらないともいわれています。

❸　IPOコンサルタント　　最後に，新規株式公開（IPO：Initial public offering）のコンサルタントです。コンサルタントとの契約は必須ではありません。しかし，水先案内人がいる方が何かとスムーズで，結果的に安上がりになることが多いようです。

コンサルタントには専業の会社もありますし，そのような会社を退職した人が個人でしていたり，会計士やIPO担当の証券会社のOBなどが行っていたりもします。そうした個人の方を役員に迎え入れ，上場までの間，専属で務めてもらうケースもあります。コンサルタントには特段の資格は不要で，詐欺まがいの人もいないわけではありません。契約に際しては経歴，実績，評判などをよく吟味する必要があります。

▶▶2＿＿その他の関係者

まずは信託銀行です。上場すると株主の数が数百人以上になり，株主名簿の書換え，株主総会の招集通知やその結果の案内などの郵便物発送，配当の振り込みだけでも相当な事務になります。これらを安定的に行うのが信託銀行です。

意外なものとして印刷会社があります。この分野は寡占状態で，宝印刷とプロネクサスの2社だけです。上場の際には，「新規上場申請のための有価証券報告書（Ⅰの部，Ⅱの部）」という資料を証券取引所に提出します。資料といってもA4用紙100ページから300ページ程度の本のような代物です。印刷量が膨大で，また，その記載内容に細かなルールがあるため，他社事例を大量にかつタイムリーに入手できる印刷会社にノウハウが蓄積しています。

上場に際し，ビジネス自体の合法性，税務上のリスク，サービス残業や名ばかり管理職の残業代の問題など，決算書には表れない課題が問題視されることもあります。それぞれ弁護士，税理士，社会保険労務士といった専門家の支援を得て，そうした課題を解消します。このほかにも，上場審査を行う証券取引所や金融商品取引法を所管する財務局など多くの人や組織と関わりが生じます。

▶図表6.2　上場までのスケジュール

	直前々々期 （N−3期）	直前々期 （N−2期）	直前期 （N−1期）	申請期 （N期）
監 査	監査法人 予備調査→決定　棚卸	（決算書） 会計監査必要	（決算書） 監査証明 （N-2期）	（決算書） 監査証明 （N-1期）
内部体制 ・規程 ・組織 ・会計 ・月次 ・予算	指導	整 備 会計監査人就任	運 用	内部統制の整備/運用
審 査	コンサル 主幹事 証券会社 決定 コンサル	印刷会社 決定 助言 Ⅰの部・Ⅱの部準備	申請書作成・修正	証券会社 審査　取引所 審査 上場の申請
その他	資本政策 株の移動自由		信託銀行 決定	財務局 への事前相談

▶§5 __ 上場までのスケジュール

▶▶1__上場の申請年度

　上場に至るまでのスケジュールを説明します（▶図表6.2参照）。最終的には，上場の申請を証券取引所にするわけですが，その申請をする事業年度を第N期といいます。

　遅くともN期から遡ること3年前から準備が必要になります。直前々々期とか，N−3期と呼びます。このN−3期で大事なことは，上場という一大プロジェクトを伴走してくれるメンバーと契約することです。前述の監査法人，主幹事証券会社やIPOコンサルタントがそれにあたります。

▶▶2__監査法人

　先述の通り監査法人は，会社が発表する決算書やその付属資料について監査をし，「適正な決算書である」という監査証明を出します。上場申請時には，直前2期分（N−2期とN−1期）の監査証明書が必要になります（ただし，TPM市場は直前1期のみです）。

6章___株式の上場 091

監査法人は，決算書の大きな誤りを見過ごすと後で莫大な損害賠償を請求されるので，簡単には監査証明を出しません。N−2期の最初から監査することになっていて，通常N−3期の棚卸しが適正にできているか確認する必要があります。そのため，N−3期のうちに選任されます。しかも，契約する前に，監査に耐える会社かどうか，予備調査を行うという念の入れようです。

▶▶3＿主幹事証券会社

主幹事証券会社は，上場を目指す会社が証券市場という「社交界」にデビューするときの後見人のような存在で，「目新しい事業で成長しそうな素晴らしい会社があるから，皆さんよろしく」と紹介してくれるわけです。もし，そうやって紹介して上場した会社が，不正まみれの会社だったら，どうでしょう。後見人としてのメンツは丸つぶれになり，次の新人を紹介するとき見向きもされなくなります。そのため，主幹事証券会社は，監査法人とともに，会社が社交界デビューできるよう，教養や立ち居振る舞いの指導を行います。

以前は，監査法人との契約と同時期から証券会社と契約することが一般的でしたが，近年は，監査法人との契約が先行し，少し遅れて証券会社と契約することが多くなっています。

☕コーヒーブレイク6.2＿監査難民と主幹事難民

① 監査難民　　カネボウの粉飾決算に加担したとして，当時，4大監査法人の一角を占めていた監査法人が2006年に業務停止処分を受け，解散しました。その監査法人が監査していた800社に上る上場企業が，監査法人の変更を余儀なくされましたが，新しい監査法人を見つけることができず，「監査難民」と呼ばれました。

2010年代になり，監査法人の行う監査手続の厳格化，上場基準の緩和とIPOを目指す企業の増加などが原因となって，上場準備を始めようにも監査法人が見つからないという状態が生じ，監査難民と呼ばれるようになりました。現在も，監査法人がなかなか見つからない状態が続いているそうです。

② 主幹事難民（証券難民）　　近年，主幹事証券会社を見つけることも難しくなっており，主幹事難民あるいは証券難民といわれます。監査難民と合わせIPO難民と呼ばれます。

主幹事証券会社のIPO担当者には，IPOについてだけでなく，会計，会社法，証券取引，経営について広範な知識が求められ，容易に育成できる人材ではありません。しばらくは，IPO難民問題が続くと思われます。これから上場の準備に入る会社は，書籍や動画で適切なIPO業界の知識を学びつつ，早期のうちに内部管理体制を構築し，安定した業績を積み上げ，立案した事業計画を実行する力を蓄えることが肝心です。つまり，主幹事証券会社に手取り足取り教えてもらうのではなく，自ら地道に歩む姿勢が大事になっています。

092　第Ⅰ部＿＿企業法制と財務（ファイナンス法務）の基本をつかむ

▶▶4＿会社内の組織体制の整備

　上場企業の決算書は，経理担当者が１人で簡単に作るようなものではありません。取締役会で決まった会社の方針を受け，営業が販売取引を行い，注文書を受け取り，商品を納入し，請求書が発行され，売掛金を回収します。仕入れやその他の購買活動についても，同様のやり取りが生じ，製品を製造する会社では製造工程で様々な資材や伝票がやり取りされます。その１つ１つのやり取りに，適切な権限を持つ従業員や役員が関わり，組織的に行われています。

　この組織の中の誰かが欠けても適切に運営できるような，社内規程が整備され，その規程に沿った組織が構築され，その中で経理が機能しなければなりません。上場企業は３か月に１度四半期の決算書を出す必要があり，毎月高い精度の試算表がかなり早く作れるだけの体制を社内に持っていないといけません。税理士に経理を外注しているようでは全く不十分なのです。

　また，上場企業になるには，過去の経営成績を正確に報告できるだけでなく，１年先，２年先を予測した見通しも示し，予算を組み，それを相当の確率で達成できる体制が必要です。こうした内部の規程や組織（内部統制）が整備され，それが実際に機能しているかについても，上場後にはなりますが，会計士の監査対象です。上場準備の段階からそれを意識した仕組み作りが行われます。

▶▶5＿上場申請書類

　上場の審査は証券取引所が行います。その申請書には，上述した「新規上場申請のための有価証券報告書」（Ⅰの部，Ⅱの部）という分厚い資料を添付します。会社の財務状況をはじめ会社のビジネスに関する様々な事項が記載されています。N−1期の決算の数字が決まったら，一気に完成できるようにそれ以外の部分を１年以上かけて準備しておきます。N−1期の決算，Ⅰの部，Ⅱの部の状況を見て，主幹事の証券会社が，上場という社交界に紹介できるかを事前審査し，それをパスしたら証券取引所に正式申請するという念の入れようです。その間に，想定外のマイナス情報などが出ると，上場は１年延期といったことも相当高い確率で起きます。

　また，上場後あるいは上場直前になると，経営者が所有する株の名義を自由に変更できなくなります。上場準備が本格化するN−2期に入る前に，親族や役員・従業員などに配るといったことが行われます。そのあたりも，主幹事証券会社やIPOコンサルタントが教えてくれます。以上が上場までのスケジュールの概説です。

6章＿＿＿株式の上場

第7章 倒産処理の手続

§1 倒産とは

今から起業しようという段階で、破綻した時のことを学ぶのは縁起でもないかもしれません。しかし、万一に備え、倒産について学ぶことは有意義です。

倒産は、法律の言葉ではありません。事業がダメになった状態を言いますが、これには様々なパターンがあります。まず、法律が制度を用意している「法的整理」と法律に頼らない「私的整理」（あるいは「任意整理」といいます）に大きく分けられます。また、事業がダメになったといっても、全てダメになってリセットしたい場合と、生き残っている部分は活かして再建し、過剰な負担となっている負債を整理する方法とがあります。完全リセットが清算型、一部を活かすのが再建型と分類できます。

§2 倒産の類型

▶▶1 法的整理×再生型──会社更生法と民事再生法

❶ 会社更生法　　まず、▶図表7.1の上段の法的整理です。再建型の1つ目として、大きい会社のために用意された会社更生法があります。非常に大きい倒産になり、債権者の数も金額も膨大です。会社を倒産させた経営者に更生のかじ取りを任せるわけにはいかないため、裁判所は基本的に管財事件を希望する弁護士から管財人を

▶図表7.1　倒産の類型

	再建型	清算型
法的	会社更生 民事再生	破産 （特別）清算
私的 （任意整理）	私的整理ガイドライン RCCスキーム 事業再生ADR 中小企業再生支援スキーム REVICによる支援 特定調停スキーム	自主廃業 夜逃げ

選任します。しかし，それでは会社の事情が全く分からなくて困るため，経営責任が無さそうな取締役やスポンサー候補の企業経営者を選任することもあります。管財人は，文字通りには「財産の管理人」ですが，事実上の会社経営者です。

通常，ある程度の規模の会社であれば，所有する不動産を担保に入れ，銀行からお金を借りています。店舗や工場に使っている不動産を，民法の原則に従い債権者によって競売にかけられると，事業の継続に大きな支障が出ます。そこで，会社更生法には不動産に設定された抵当権を制限する特別な制度があります（会社更生法24条1項）。そのことの裏返しで，社会的影響の大きさから裁判所が深く関与し，手続が公明正大になされることが特徴です。会社更生法の適用を受けた会社の数はこの100年間で120社余りしかありません。

❷　**民事再生法**　再建型のもう1つは民事再生です。こちらは，法人だけでなく個人についても適用があります。個人民事再生と呼ばれます。会社員だと比較的簡単に手続を利用できます。裁判所の指導は受けますが，経営者（あるいは債務者）がそのまま事業の運営を続けられるのが特徴です。

会社更生法に比べると裁判所の関与が浅くなり，債権者が持つ抵当権などの担保権に制限がかかりません。事業に必要な不動産については，担保権を持つ銀行に十分な説明をし，競売にかけないよう説得する必要があります。民事再生法は上場企業も利用する制度であり，通常，零細規模の会社では利用されません。

▶▶2＿法的整理×清算型──破産と清算

法的整理のうち清算型には，破産と清算の2つがあります。破産は，▶§**3**で説明しますので，ここでは清算だけを説明します。

清算は，債権者全員に支払うだけの財産が会社に残っている場合に利用されます。会社の事業はもうダメなので畳むけれど，支払うべきものは全て支払えるから，手続をする時間をください，というイメージです。

清算には，特別清算というものがあります。厳密には全ての債権者に支払うことができない，つまり債務超過の状態ですが，経営の悪化に責任のある債権者が余分に負担することで，それ以外の一般の債権者への支払いができる時などに取られる手続です。経営に責任のある債権者としては，代表者やその親族あるいは親会社などの関係会社が挙げられます。

▶▶3＿私的整理×清算型──自主廃業と夜逃げ

私的整理のうち再建型については多様な手続が誕生しています。後ほど節を改めて▶§**5**で説明します。

私的整理のうち清算型ですが，個人によくある自主廃業がそれにあたります。経

営者が高齢や病気で働けなくなると，ひっそり店じまいします。債権者に迷惑をかけることなく，事業をやめてしまう場合です。

　廃業を考える人の中には，債権者に払うお金のない人もいます。破産を申立てようと思っても，弁護士に支払う100万円程度の手続費用が用意できない人は夜逃げを選択します。夜逃げされると債権者は大変です。特に大家は困ります。旅に出たのか，夜逃げしたのか，判断できないからです。家財道具を捨てるにもお金がかかるし，万一旅に出ていただけの場合，後から大変な損害賠償を請求されます。

▶ §**3**　破産──**法的整理×清算型**

▶▶1__破産手続

　破産は法的整理のうちの清算型です。法律の手続に従い，経済活動をリセットします。破産手続は，支払不能の状態や債務超過の場合に採用されます。ちなみに，お金を払えなくなった本人が破産を申し立てることを自己破産と呼び，お金を回収したい債権者が申し立てるのを債権者破産と呼びます。

▶▶2__スケジュール

❶　**弁護士に相談する**　　毎月の支払が困難になり，事業の好転が容易に見いだせない状況に入る前後で，破産申立てを代理する弁護士を選任します。破産をするにも手続き費用が必要で，会社の場合は300万円程度となります。急速に資金繰りが悪化することがあるため，ある程度早い段階で相談することが重要です。

❷　**事前準備をする**　　選任した弁護士と協議をしつつ破産申立て前の準備を行います。とくに，会社の破産時は，社長個人も連帯保証人として一緒に破産することが多く，破産申立て後の経営者の生活や住まいの確保などを検討します。残したい財産を親族に買い取ってもらうほか，不必要な契約の解除，遊休資産や余剰資産の売却などを進めます。そして，次のステップである「Xデー」を決めます。

❸　**Xデー**　　Xデーとは，債権者（銀行，取引先，従業員など）にお金を支払うのを一切やめる日です。そして「事業が行き詰まったので，破産申立てを弁護士に依頼しました。」（弁護士一任といいます）と書いた紙を本社の出入り口などに貼ります。同時に，弁護士は債権者に対し，受任通知を発送します。これにより，債権者の取り立てが止みます。

❹　**破産の申立て**　　申立て代理人の弁護士が破産申立書を作成して，裁判所に提出します。

❺　**破産開始決定と管財人の就任**　　裁判所が破産開始決定を出すと同時に管財人

が就任します。社長個人も一緒に破産するときは，手続が同時に進行します。管財人は弁護士から選任され，裁判所の指導の下，代表取締役に代わり，会社の業務を執行します。

❻　**破産債権の届け出と換価手続**　　管財人は，就任後，破産債権の届出を促す通知を行い，残っている財産を処分します（換価手続）。

❼　**債権者集会への参加**　　債権者集会が少なくとも2，3回開かれ，破産者あるいは破産会社の代表者として出席します。

❽　**破産手続の終結と会社登記**　　裁判所で破産の手続が終結し，法務局にある登記簿に会社が無くなったことが記載され，一連の破産手続が終わります。Xデーから破産の終結までは通常1年程度ですが，管財人と債権者の間で訴訟になったり，不動産の処分が難航したりすると長期化します。

▶▶3__経営者の活動

　以上のプロセスにおいて経営者が行うことは，(1)弁護士に相談して破産の方針を立てることと，(2)事前準備，の2つが大半です。もちろん債権者集会に出席し，お詫びの口上を述べる必要はありますが，詐欺的な事案や有名人の関わる事案を除けば，債権者集会はほとんど参加者がなく，時間も各回5分ほどで終わります。なお，換価される財産の中に欲しいものがある場合は，管財人に交渉して購入できる場合があります。換価手続の際，諦めずに交渉してみましょう。

　破産を覚悟した経営者として最も大変なのが，この(2)事前準備です。

　①　まず，BSを中心に，総勘定元帳に上がる財産の把握，名義の確認などを行います。

　②　つぎに，PLを中心に，総勘定元帳に上がる取引先との契約関係を確認します。この時，取引先の名簿等の一覧表を作成します。弁護士や従業員と共同作業ができると好都合ですから，共同編集可能な表計算ソフトを利用するとスムーズです。破産の準備でも決算書や帳簿が役に立ちます。

　③　約1年に及ぶ破産手続中や，その後の生活設計を立てます。

　④　資金繰りを考えます。通常は，資金が最も多くある日をXデーとし，弁護士一任をかけます。破産申請に必要になる資金が用意し易いからです。

　⑤　最後に，Xデーと従業員に通知するタイミングを決めます。これは，「あっちを立てれば，こっちが立たず」で難しい選択ですが，決断するしかありません。従業員にも早く打ち明けられるとよいのですが，話すことによって他の債権者に情報が漏れ，事業の正常な運営ができなくなるリスクがあります。

7章___倒産処理の手続　097

▶▶4__破産時の財産の分配

❶ **管財人の業務**　代理人弁護士が破産を申立て，数週間後，裁判所の破産開始決定とともに，破産管財人が就任します。管財人は，債権者に破産債権届と債権の存在を示す書類（契約書，請求書など）を提出するよう，判明している債権者全員に郵便を発送します。届け出のあった債権等と会社の帳簿の金額が一致したらその額で，相違があれば相違の内容を管財人が確認します。

　その作業と同時に，破産管財人は会社の財産を次々とお金に換えていきます。これを換価手続といいます。公正な手続で少しでも高く売ることが職務ですから，基本的には相見積りをとり，一番高い値段を提示した方に売ります。

❷ **担保不動産の処分**　銀行などの債権者が不動産を担保にお金を貸していた場合，その不動産を売ったお金については，1番抵当の銀行から順番に返済を受けます。通常，1番抵当権者しか返済を受けられず，場合によると2番抵当権者も一部を受け取れる程度で，それより後順位の抵当権者は何ももらえません。

　全額回収できた1番抵当の銀行はそれで満足し，これ以上の関与は不要です。2番以下の銀行は，まだ回収できていない債権（もはや担保のないただの債権）をもっていますから，後述する一般債権者と扱われます。

▶▶5__優先債権──税，社会保険料，賃金

　会社財産を売却したお金の分配を受けられるのは，破産債権者です。破産債権の中でも，優先される権利があります。国税が1番，地方税が2番，社会保険料が3番，そして，労働者の賃金が4番とされています。優先されないのが，一般債権者です。

▶▶6__財団債権

　優先度の高い税金よりもさらに優先される権利があります。債権者の共通の利益のための費用などで，主に管財人の活動に伴う費用などです。当たり前ですが，財産を売ったり，未回収の売掛金を回収したりするにも費用が必要になります。これらの費用は財団債権と呼ばれ，優先債権よりも優先されます。

▶▶7__一般債権者への配当

　結局，一般債権者に回ってくるお金（配当原資）は非常に少額です。これを，一般債権者の債権額で比例配分します（債権者平等原則）。ゼロであることも少なくないうえ，たいていは債権の額面の1～2％程度です。そのため，破産手続に入ると，少額の債権者は諦め，債権の届出さえしないこともあります。一般債権者よりも後順位の株主に至っては，お金が返ってくる確率はほぼありません。

▶▶8＿自由財産

　個人事業主や社長個人が破産する場合，破産者が路頭に迷わないよう，自由財産として99万円以下の現金や20万円未満の預金や保険契約，評価額20万円未満の車，有価証券，不動産などを残すことができます。反対にこれらを超える財産はすべて破産財団に組み入れられ管財人の管理下に置かれるので，事前に代理人弁護士とよく協議して準備することになります。

▶§*4* ＿ 銀行借入れと連帯保証

▶▶1＿連帯保証契約とその必要性

　会社が破産すると多くの場合，社長個人も一緒に破産します。それは，連帯保証の契約を結んでいるからです。銀行借入れ以外にも，不動産を借りる契約，車や複合機のリース契約，クレジットカード契約等で連帯保証をしています。

　事業資金を銀行から借りると，銀行は債権者として，元本と利息の支払を求める権利を持ちます。しかし，会社の事業がうまくいくとは限らないうえ，事業が順調でも社長が多額の役員報酬を受け取ったり，過大な交際費を支出したりして，元利金を約束通りに返済するとは限りません。そのため，銀行は会社のもつ不動産に抵当権を設定したり，会社代表者に連帯保証をさせたりします。

▶▶2＿保証契約と連帯保証契約の相違——催告の抗弁権と検索の抗弁権

❶　**単なる保証契約**　　銀行実務における連帯保証を解説する前に，「連帯」のつかない単なる保証契約（民法446条）について解説します。銀行実務ではありえないので，事業を始める親友に100万円を貸すケースを考えます。本当は貸したくないのですが，親友が父親に保証人になってもらうと言うので100万円貸したとします。

❷　**催告の抗弁権**　　約束の日になっても親友が100万円を返してくれません。そこで，親友の実家に行き，その父親に「保証人として代わりに100万円を支払ってほしい」と言います。すると父親は「まずは，息子にきちんと催告してからにしてください。」と返してきます。民法では，債権者は保証人に請求する前に，債務者に催告する必要があるのです（催告の抗弁権）。

❸　**検索の抗弁権**　　やっとの思いで親友の居場所を探し催告しました。しかし，親友はお金がないから支払えない，と言います。そこで，もう一度父親のところに行き，「催告したけどダメだったので，100万円払って下さい」と言います。でも，父親は次のように返します。「そんなはずはない。あいつ，事業は失敗したけど，

7章＿＿倒産処理の手続　|　099

この間ビットコインで当てたって言ってたよ。何とかいう暗号資産の取引所で取引してるようだ。まずはそれを取り立ててからにして。」（検索の抗弁）と。

❹　連帯保証債務と従来の銀行実務　　以上が，民法の保証契約です。お金を貸した債権者がかわいそうになってきます。そこで，民法454条は，保証契約の例外として，保証人が「催告してきて」とか，「他に財産があったはずだ」と主張することを許さない契約形式を認めています。これが連帯保証契約です。

　このように債権者にとって都合の良いルールがあるため，銀行実務では連帯保証契約だけが用いられます。銀行は貸し倒れを防ぐため，経営が順調で社長が誠実だったとしても，社長に連帯保証をさせてきました。一昔前までは連帯保証は必須で，会社が上場したら連帯保証債務を外すというのが実務でした。

▶▶3__経営者保証のガイドライン

　この銀行実務のため，会社が破産すると一緒に社長個人も破産するのが一般的です。そして破産すると銀行からの信用は失われ，数年間は借り入れができず，経済的には再起不能になります。しかし，これでは，起業する人が怖気づくし，一度の失敗で再起不能は厳しすぎるという世論が起きました。

　そこで，2013年に「経営者保証のガイドライン」が金融機関と日本商工会議所により策定され，①財務基盤がしっかりしていて会社だけでも十分な返済能力がある，②決算書などの財務情報が開示できている，③会社の所有と経営が区分できているといった要件を満たすと，経営者の連帯保証を外すことになっています。しかし，従業員規模百人のような中堅企業でないと，経営者保証を外していないのが現実です。経営者保証を外すと，それに見合った金利を銀行に求められるからです。

▶§5__私的整理×再建型──百花繚乱

▶▶1__私的整理ガイドライン

　最後に，私的整理で会社を再建する方法について説明します。本来，私的整理は法律に基づかず，裁判所も関与しません。経営の立直しを図る会社と債権者の自由な話合いで過剰債務を処理する手続です。そのため，柔軟な対処は可能ですが，約束を守れなかった経営者とお金を回収したい債権者とが冷静な話合いをすることや信頼関係を再構築することは困難です。

　そこで，全国銀行協会（全銀協）や日本経済団体連合会（経団連）が中心となり，2001年に「私的整理に関するガイドライン」が策定されました。自由がきく私的整理ですが，それなりの民間ルールを決めておこう，という元祖的存在です。現在，

100　第Ⅰ部＿＿＿企業法制と財務（ファイナンス法務）の基本をつかむ

後発の様々な私的整理ルールが登場し，このガイドラインは大企業向けといわれ，活用される局面も減ってきているようです。

▶▶2__RCCスキーム

RCC（整理回収機構：Resolution and Collection Corporation）は不良債権を銀行から買取り，取立てをする公的な会社です。株主は預金保険機構で，その預金保険機構は日銀と民間金融機関が株主です。債権者である銀行の団体が主導し，交渉の枠組みが設計されています。このスキームの対象は，債務者が誠実で銀行にも経済合理的なケースであり，銀行も妥協しやすい仕組みになっています。RCCスキームの特徴は，RCC自身が債権者として関与するという点が挙げられます。

▶▶3__事業再生ADR

ADR（Alternative Dispute Resolution）とは，裁判外の紛争解決手続のことを指します。事業再生ADRは，事業再生実務家協会による手続であり，弁護士と公認会計士が主導しています。専門家報酬が高額化するので，比較的大きい中小企業向けといわれます。

特徴として次の点を挙げられます。①債権放棄による損失が無税で処理できます。つまり，債権者はリスクなく，損失を税務上の損金にできます。②対象になる債権は金融債権（銀行借入れなど）に限られ，仕入れ先や従業員などの商取引債権者に影響がなく，事業を継続しながら協議が進められます。③事業再生ADRの債権者会議は3回だけに限定され，協議が長引くことはありません。

▶▶4__中小企業再生支援スキーム（協議会スキーム）

中小企業再生支援協議会（現，中小企業活性化協議会）は，産業活力再生特別措置法に基づき，中小企業の事業再生を支援する目的で，2003年に各都道府県に設置された機関です。このスキームには1次対応と2次対応の2段階があり，無料の1次対応で簡易な面談を行い，課題を整理します。ここで計画策定が必要となれば，2次対応へと進みます。2次対応では公認会計士や中小企業診断士などの専門家によるデューデリジェンス（DD）と再生計画の策定が行われ，この計画が金融機関の合意を得られるよう協議会を中心に調整が図られます。しかし，①メインバンクの支援が得られる見込みがあること，②2次対応の期間に相当する約6か月間は資金が尽きないことなどが2次対応へ進む要件とされるため，2次対応に進めない企業も少なくありません。倒産するには少し時間的猶予のある会社が，策定した再生計画を基にメインバンクから指導されながら，3年程度かけて取り組む再生プログラムです。

7章____倒産処理の手続 | 101

▶▶5＿地域経済活性化支援機構による支援

地域経済活性化支援機構（REVIC：Regional Economy Vitalization Corporation of Japan）は，預金保険機構と農林中央金庫が出資し，設立された会社です。その支援は地域経済に影響を与える程度の規模の中堅企業向けです。会社やメインバンクの相談を受け，支援機構自体が会社の資産等を査定し（DD），不良債権の買い取りや出資までできてしまう点がほかの私的整理とは大きく異なる特徴です。

▶▶6＿特定調停スキーム──事業再生型運用

特定調停というのは簡易裁判所で行われる，民事調停の特例版です。最高裁判所，日本弁護士連合会（日弁連），中小企業庁などの調整を経て，2013年に中規模以下の中小企業の再生を図るため，特定調停の事業再生型の運用が始まりました。これが特定調停スキームです。

特徴として次の点が挙げられます。①裁判所で行われる手続ですから，民事執行手続の停止が可能ですし，調停条項は民事訴訟の判決と同等の強制力を持ち，当事者を拘束します。②間口が広く，小規模の会社や個人も利用できます。③個人事業主の場合，債務免除を受けると所得税法上債務免除益は所得となるのが原則ですが，このスキームにより債務免除を受けると，例外規定に該当して非課税となります。

▶▶7＿事業再生計画の立案

いずれの私的整理のスキームも，その制度の利用の前あるいはその過程で，事業再生の計画を立てます。事業再生計画は，**4章▶§4**で学んだ事業計画を応用して作成しますが，多くの場合，公認会計士や中小企業診断士，税理士などの専門家の支援を受けるため，計画の立案には200〜300万円の費用が生じます。そこで，中小企業庁では，中小企業活性化協議会を窓口に，経営改善計画策定に関する支援事業を行っており，費用の2/3（上限200万円）までの補助が受けられます。

▶▶8＿まとめ

百花繚乱の感がある私的整理ですが，起業する中で経験する可能性が高いのは，▶▶4の中小事業再生支援スキームくらいでしょう。▶▶6の特定調停を活用できると中小企業の事業再生も身近なものになりますが，これらの手続を引き受けてくれる弁護士を地方都市で探すのは容易ではありません。

余程の大きな会社でない限り，銀行は元本の切り捨てに応じてくれません。昔の高金利の時代なら，重い金利負担が原因で，事業が赤字になることもあり，その場合なら，利息の切り捨てで再生できる場合があります。しかし，低金利の現在，貸

金元本を切れないなら，再生は大変困難です。先にスポンサーが見つかっているケースでないと厳しいといえます。

✍ トピック 7.1＿第二会社方式による事業再生

1. 第二会社方式とその特長

第二会社方式は，経営難の企業（第一会社）が別会社（第二会社）を用意し，優良な事業や資産を第二会社に移転し，スポンサーの支援を受け，事業再生を図る手法です。優良な事業だけを引き継ぐため，スポンサーを見つけやすくなります。第一会社には不採算事業や不良資産，過剰な借入も残るため，破産または特別清算手続をとります。法的整理は，銀行にとっても税務上のリスクなく，貸し倒れを損金処理できるため，好都合です。近年，第二会社方式が活用されるケースが増えています。

2. 第二会社方式のスキーム

優良事業の移転方法により，大きく2つのスキームがあります。

①事業譲渡スキーム　　事業譲渡スキームでは，優良資産を売買により引き継ぎます。また，優良事業の取引相手（顧客，仕入先，従業員）とは個別に協議し，既存契約を解除し，第二会社と新たに契約を結びます。特定の資産だけを引き継ぐため特定承継といいます。決算書に載っていない簿外債務を引き継ぐことがないため，スポンサーが安心して資金を提供できます。

反対に，取引価格が安すぎると債権者（銀行）の権利を侵害することになり，債権者から事業譲渡を取り消されることがあります（詐害行為取消権）。

②会社分割スキーム　　会社分割とは会社法に定められた組織再編の方法です。多くの場合，第一会社が，会社分割で100％子会社（第二会社）を新設し，新会社は優良事業に関係する従業員や取引先との契約，設備などはもちろん，負債に関しても包括的に引き継ぎます（包括承継）。取引先等に一定の事前説明をしますが，自動的に契約関係が移行し，混乱は回避できます。

3. 第二会社方式の課題と産業競争力強化法の活用

第二会社方式の課題としては，①優良事業が行政の許認可を必要とする場合，許認可を取り直す際の空白期間は，事業経営ができないこと，②第二会社の設立費用や不動産の移転登記や不動産取得税の負担が挙げられます。

これらの課題は，産業競争力強化法を活用し，再生計画の認定を受けることで，軽減できる可能性があります。

第Ⅱ部

労務（労働法務）の基本をつかむ

8 章 ___ 従業員の募集と採用

▶ §1 ___ 募集・採用の方法

　従業員の募集・採用というと，会社側の一方的な行為のように聞こえますが，採用は働いてくれる人とそのための契約を締結することを，募集はその契約相手を探すことを言います。知り合いに働いてもらうのであれば，募集は不要です。しかし，候補者がいない場合は，募集することが必要となります。

▶▶1__従業員を募集する方法

　従業員を募集するためには，自社のホームページやSNSで募集広告をする，といった方法が考えられます。しかし，起業したばかりでは，自力で募集をするのは困難な場合が多いでしょう。その場合，外部の事業者や機関によるサービスを利用することになります。そうしたサービスには，おおよそ以下のようなものがあります。

①　求人サイト，新聞，各種情報誌等のメディアによる宣伝
②　ハローワーク（国が運営する職業紹介所）の無料職業紹介や民間の有料職業紹介
③　ヘッドハンティング等，募集の外部委託

　以上のうち，ハローワーク（国が運営する職業紹介所）は，求人側である会社も無料で利用することができます。それ以外は，ほとんどが民間企業によって行われていますので，有料です。場合によっては高額な費用が必要となりますから，注意が必要です。

　①〜③の事業については，その運営次第で，求人側，求職者側双方に，不測の被害を生じさせる可能性があるため，事業者に対する法的規制が実施されています。多くの場合，事業を行うためには許可や届出が必要となります。

▶▶2__労働者派遣の利用

　そもそも自社で雇用することなく，働いてもらえる方法もあります。労働者派遣サービスの利用です。派遣会社から，派遣会社の社員である労働者を派遣してもらうと，自社で雇用した場合とほぼ同様に働いてもらうことができます。募集・採用や労務管理の手間を省きたい場合には，労働者派遣サービスの利用も考慮の対象となります。

106　第Ⅱ部____労務（労働法務）の基本をつかむ

なお，労働者派遣の場合，悪質な事業者により労働者が被害を受ける危険があることから，事業実施には国の許可が必要です。また，労働者派遣の広がりにより正規雇用の職場が浸食されることを防ぐ観点から，同サービスの利用には様々な制限があります。

✍ トピック 8.1＿労働者派遣

　労働者派遣の場合，派遣労働者と派遣会社との間で雇用契約が締結されます。また，派遣先企業と派遣会社との間では，労働者派遣契約が締結されます。この2つに基づいて労働者派遣が行われます。そのため，派遣労働者と派遣先会社との間には，何ら法的関係はありません。すなわち，派遣先会社は派遣労働者に対して指揮命令する権利をもつわけではありません。しかし，派遣労働者は，派遣先会社の指示に従って働く義務を派遣会社に対して負っていますので，かりに派遣先の指示に従わなかった場合には，派遣会社に対し義務違反の責任を負うことになります。また，派遣先会社は，派遣会社に対し，労働者派遣契約に違反しているとして責任を追及できます。

　このように，労働者派遣の場合，派遣会社が契約上の使用者としての責任を果たすわけですが，実際に派遣労働者を使用する者でなければ果たせない使用者としての義務や責任があります。そこで，労働者派遣法では，労働基準法や労働安全衛生法の規定の一部については，派遣先を使用者とみなしています。

　また，労働者派遣が広がることで正社員のポストが奪われないよう，派遣労働者の利用には原則として3年の期間制限が設けられています。もっともこれには例外もあり，実際には長期にわたり派遣労働者として1つの企業で就労している例も見られます。

▶§**2** ＿ 募集・採用時の法規制

▶▶1＿職業安定法が定める募集時の原則

　職業安定法は，労働条件の明示，情報の的確な表示，個人情報の保護等の義務について定めています。職業安定法は，主として職業紹介事業や委託募集事業等を行う事業者に対して規制を行うものですが，これらの義務については労働者の募集を行う者も対象となっています。この義務違反について罰則は設けられていませんが，募集は将来の従業員との出会いを意味し，誠実な態度で臨むことが必要です。

▶▶2＿均等な機会付与が求められる場合等

　そもそも従業員を雇うのか，また，誰を従業員として雇うのかは，事業運営の根幹にかかわる問題です。そのため，裁判所も，募集・採用について会社が広い裁量

権を有することを認めています。基本的には，法律に特別なルールが定められていない以上，自由に決めることができます。

それでは，法律が募集・採用を制限する特別なルールとは，どのようなものでしょうか。そのようなルールとしては次のものがあります。

❶ 性別にかかわりなく均等な機会を与える義務 男女雇用機会均等法5条は，募集・採用にあたり，性別にかかわりなく均等な機会を与えるよう求めています。そのため，たとえば男性10名募集，あるいは男性10名，女性5名といった募集方法は同条に違反します。また，性別によるのではなくても，身長・体重・体力や住居移転を伴う配転の受け入れを募集・採用条件とすることも禁じられています（同法7条）。もっとも，男性ばかりの職場で女性比率を上げる場合には，女性を優先して募集・採用することは可能です（同法8条）。

以上のような義務に違反した場合について罰則を定める規定はありません。したがって，差別された応募者としては，行政（労働局の雇用環境・均等室）に助けを求めるか，民事裁判を提起することになります。もっとも，民事裁判において均等法5条違反が認められても，そのことで相手側との雇用契約が認められるわけではありません。差別がなかったとしても不採用だったかもしれないからです。結局，均等な機会を得られる利益が侵害されたとして，慰謝料を請求できるにとどまります。慰謝料の額は必ずしも高額ではありませんし，そもそも，差別を証明することは困難ですから，実際に訴訟となるケースはほとんどありません。

❷ 障害者に対し障害者でない者と均等な機会を与える義務 障害者雇用促進法は，従業員の募集・採用にあたり，障害者に対し障害者でない者と均等な機会を与えなければならない，と定めています。もっとも，障害者の場合，障害があるために均等な機会を確保することが難しいという問題が生じます。そこで，同法は，均等な機会の確保の支障となっている事情を改善するため，障害者の申出に基づき，障害の特性に配慮した必要な措置を，過重な負担とならない限度で講じるよう義務づけています。

この義務に対する違反についても，❶と同様，罰則が設けられているわけではありません。また，民事訴訟は可能と考えられますが，これも❶と同様になります。

ところで，障害者雇用促進法は，以上の差別禁止に加え，事業者に対し従業員の一定割合以上が障害者となるように義務づけています。令和6年度における雇用率は2.5％（令和8年度からは2.7％）ですから，従業員が40人以上になれば障害者を雇用する義務が生じます。従業員数が100名以上になると，雇用率未達成の場合，不足1名につき5万円の障害者雇用納付金を支払わなければなりません。他方，超過して雇用した場合については1名につき2.7万円の調整金が支給されます（調整金は100名未満の企業にも支給されます。その場合は1名につき2.1万円）。

❸ その他 労働施策総合推進法9条は，年齢にかかわらず均等な機会を与える義務を定めています。もっとも，これには多くの例外が認められているうえ，同法の性質からみて，事業者に具体的な義務を課すというよりも，基本的な精神を述べるにとどまるものと解されます。

法律はそうであったとしても，少子化がとまらない現在，高齢者にその能力を発揮してもらうことを考えることは重要です。とりわけ起業したばかりの時点では，豊富な経験を有する高齢者に協力してもらうことも検討すべきでしょう。

なお，労基法3条は，国籍，信条，社会的身分に基づく差別を禁じていますが，これは採用後のルールであるとされています。また，裁判所は，労働組合員であることを理由として不採用とすることも，原則として違法ではないと判断しています。この点については批判も強いですが，少なくとも裁判所はそのように考えています。

▶▶3＿公正な採用

多くの会社では，資格や学業成績，また，それまでの経歴等を参考にしつつ，主として面接で採用を決めています。その際の選考基準についても，上述の制限が適用されますが，それ以外は基本的に会社側の自由です。

もっとも，法律が定めている場合以外についても，応募者に差別的と捉えられる選抜はすべきでないでしょう。そのようなことをすると会社の評判を悪化させます。また，国も，エントリーシートに仕事に関する能力・適性とは関係のない事項を書かせることや，それらを基準に選考することはやめるよう指導しています。応募者は弱い立場におかれていますから，要求されると答えざるを得ません。家族状況，出身地や住宅状況等，これから一緒に働くのだから，その人のことを色々と知っておきたい，と考えることは理解できないわけではありません。もちろん，仕事と関連する事情は尋ねて良いわけですが，その場合でも，応募者のプライバシーには配慮する必要があります。また，仕事との関連性があるとは思えない事情を尋ねられると，応募者としても選考基準に疑問をもつ可能性があります。

▶§3 ＿ 採用時の労働条件明示義務など

▶▶1＿明示すべき事項と明示方法

従業員を採用する，すなわち従業員と雇用契約を締結するにあたり，労基法は労働条件を明示することを使用者に義務づけています（労基法15条）。明示すべき事項は▶**図表8.1**のとおりです。もっとも⑦〜⑭については，これらの制度を設けない場合には明示する必要はありません。また，①〜⑥（⑤のうち昇給に関する事項は除外）

については書面の交付が必要ですが，従業員が希望する場合はファックスやメールで送信することも可能です。

▶図表8.1　労働条件を明示すべき事項

①労働契約の期間に関する事項
②期間の定めのある労働契約を更新する場合の基準に関する事項
③就業の場所及び従事すべき業務に関する事項
④始業及び終業の時刻，所定労働時間を超える労働の有無，休憩時間，休日，休暇並びに労働者を二組以上に分けて就業させる場合における就業時転換に関する事項
⑤賃金（退職手当及び⑧の賃金を除く。）の決定，計算及び支払の方法，賃金の締切り及び支払の時期並びに昇給に関する事項
⑥退職に関する事項（解雇の事由を含む。）
⑦退職手当の定めが適用される労働者の範囲，退職手当の決定，計算及び支払の方法並びに退職手当の支払の時期に関する事項
⑧臨時に支払われる賃金（退職手当を除く。），賞与等並びに最低賃金額に関する事項
⑨労働者に負担させるべき食費，作業用品その他に関する事項
⑩安全及び衛生に関する事項
⑪職業訓練に関する事項
⑫災害補償及び業務外の傷病扶助に関する事項
⑬表彰及び制裁に関する事項
⑭休職に関する事項

　これらのほとんどは，次章で説明する就業規則に規定されていますが，就業規則では一般的なルールが定められるだけで，当該従業員の具体的処遇がわからない場合もあります。労働条件の明示にあたり就業規則を用いる場合でも，当該従業員の処遇が具体的にわかるようにすることが必要です。

▶▶2__明示義務に違反した場合

　会社は，明示した労働条件を遵守する必要があり，それと異なる労働条件で働かせてはなりません。もし，条件が異なった場合，従業員には即時に契約を解除する権利が認められます。また，解除後14日以内であれば，従業員が実家や元の住居に戻るための旅費や引っ越し代を支払わなければなりません。

▶▶3__雇い入れ時の健康診断

　会社は従業員の採用にあたり，健康診断を実施する必要があります（労働安全衛生規則44条）。診断項目も同条で定められています。

▶§**4** __ 採用内定と内々定

▶▶1__契約の締結と就労の開始

　働き始めるのが採用決定後しばらくしてから，ということがあります。とくに新卒者を採用する場合には，その期間はかなり長くなります。

　大学生の就職活動を見ると，4年次の春から夏にかけて内々定をもらい，10月1日に内定式が行われる，というスケジュールが多いようです。内々定は，複数の会社からもらっても，10月1日にはどこか1社にしか行けませんので，その時点で学生は行き先を決定する，という形になります。その後は，健康診断，誓約書の提出といったことがあり，また，会社によっては資格取得や研修への参加を求める場合もあります。そして，4月1日の入社式に至り，就労開始となります。ずいぶんと長い時間が経過するわけです。

　さて，期間が長くなると，それだけ途中で事情が変わる可能性も大きくなります。これは従業員側についても，会社側についても言えることです。従業員側については，より良い条件の職場が見つかれば，そちらに行きたいと考えるでしょう。他方，会社としても，予期せぬ事態が生じて従業員を減らさざるを得なくなった，あるいは，良い人だと思っていたら経歴詐称が見つかった，といった可能性も考えられます。このような場合，内々定や内定を取り消すことは可能なのでしょうか。

▶▶2__雇用契約成立の時点

　この問いの回答にとって重要なことは，すでに雇用契約が成立しているのか，ということです。雇用契約が成立しているのであれば，それを終了させる必要があります。成立していないのであれば，その必要はなく，今後，契約を締結しなければよいだけです。それでは，どの時点で雇用契約は成立するのでしょうか。

　雇用契約は，従業員が会社の指揮命令に従って働き，それに対し会社がその報酬を支払うことにつき，従業員，会社双方が合意することで成立します。したがって，そのような合意が成立した時点ということですが，合意が成立したと言えるためには，両当事者が最終的な意思の伝達をする必要があります。会社側について言いますと，通常，内定通知が最終的な意思伝達であると考えられます。また，学生側についても遅くとも内定式への参加までには最終的な意思伝達があったと見ることができると思います。そうしますと，一般的には，内定により雇用契約が成立すると考えてよいと思います。

8章____従業員の募集と採用　|　111

▶▶3__内定の取消し

　雇用契約が成立した以上，使用者側からそれを解約する行為は，解雇ということになります。解雇には，13章で説明するようなルールが適用されます。とりわけ労働契約法16条が定める解雇権濫用法理は，使用者の解雇をかなりの程度制限しています。

　しかし，まだ働いていない状況，とりわけ学生はまだ卒業もしていないわけですから，たとえば卒業出来なかった等，特殊な事情から解約する必要も生じます。そこで，裁判所は，内定により雇用契約が成立するとしても，会社側には特別な解約権が認められる，と述べています。たとえば，卒業できなかった，健康診断で仕事に支障を生じる病気が判明した，仕事に必要な資格があるとの申告が虚偽であったことが判明した，といった理由があれば，解約することは可能です。これらの解約事由は，内定通知ですとか，誓約書などに書かれていることが多いですが，かりに書かれていなくても解約することは可能です。

　他方，学生側も，雇用契約が成立しているわけですから，辞めたいのであれば，これを解約する必要があります。しかし，従業員側の解約を制約する法規制はありませんから，予告期間（2週間：民法627条）さえ遵守すれば解約できます。

▶▶4__内々定の取消し

　それでは，内々定の場合はどうでしょうか。内々定では，内定という手続が後に予定されていますから，まだ契約が成立していない場合がほとんどです。ただ，内々定が出れば，ほぼ内定は出ますから，それに関して学生が強い期待を抱くことは確かで，そうした信頼が法的にも保護される場合はあります。そこで，裁判所は，学生の信頼が保護すべきものである場合，合理的な理由のない内々定の取消しにつき，会社に対して損害賠償を命じています。他方，契約はまだ成立していませんから，契約が成立したものとして採用を義務づけるような判決をすることはありません。

▶§*5*__試用期間

▶▶1__試用期間の趣旨

　就労開始後，しばらくは試用期間とする会社が多いと思います。試用期間をおくか否かはそれぞれの会社の判断ですし，その長さも色々です。試用期間においては，面接等だけではわからなかった従業員の資質・能力を実際に確認することが行われ，不適任と判断する場合には，本採用を拒否することになります。試用期間の満了時

に本採用を拒否する制度の他，試用期間中であっても契約を終了させる制度も見られます。

　もっとも，本採用されないと従業員は働き口を失いますから，本採用の拒否を会社側の完全な自由とするわけにもいきません。

▶▶2__本採用の拒否

　試用期間というのは，期間が満了すれば契約が当然に終了する契約の存続期間とは異なります。試用期間が終われば本採用というと，あたかも試用期間が有期契約であると誤解してしまいそうですが，契約は無期契約です。そうしますと，試用期間満了時であれ，試用期間の途中であれ，会社が契約を終了させる行為は，解雇になり，したがって解雇に関するルールが適用されます。ただし，次の2点に注意する必要があります。

　第1に，解雇の場合には30日前に予告する必要がありますが，14日以内の試用期間中に解雇する場合には，予告義務はありません。

　第2に，解雇ですから，労働契約法16条が定める解雇権濫用法理が適用されます。しかし，試用期間という特殊な状況にあることを考慮し，この期間については，会社は特別な解約権を有すると裁判所は述べています。すなわち，実際に働いてもらった結果，適性がないことが判明した場合や，追加的な調査の結果，自社には不適任であることを裏付ける事実が判明した場合には解雇することが可能です。もちろんこれらの事実が客観的に合理的であり，採用拒否が社会通念上相当である場合に限られるわけですが，通常の解雇の場合よりも本採用の拒否は緩やかに認められます。

☕コーヒーブレイク8.1__試用期間と契約期間

　最初は有期契約を締結しておき，その間に従業員の資質を確かめ，問題なければ次に無期契約を締結する，という例も見られます。このように試用目的で有期契約が締結されている場合，裁判所は，最初から無期契約が締結されており，有期契約とされた期間は試用期間であったと解釈する傾向にあります。このように解釈されますと，従業員の能力が不十分なので無期契約を締結しなかっただけなのに，法律上は従業員を解雇したことになってしまいます。もちろん，本採用の拒否ということになりますので，通常の解雇よりも緩やかに認められるものの，期間満了による自働終了とは雲泥の違いです。

8章____従業員の募集と採用 113

▶§**6** __ 契約禁止事項

　労働基準法は，使用者に対し，①違約金・損害賠償の予定，②前借金相殺，③強制貯金の各契約を従業員としてはいけないと定めています。このような契約は，採用時になされることが多いですが，従業員が働き始めてから契約する場合も同様です。従前，このような契約が従業員を職場に縛り付け，強制労働や人身拘束につながるという事実がありました。そのような悪弊を繰り返さないために設けられた規定です。

▶▶1__違約金，損害賠償の予定（労基法16条）

　従業員による契約違反について違約金の支払いを定め，あるいは，従業員が損害賠償義務を負う際に支払うべき賠償額として一定額を定めることが禁止されます。

　有期雇用契約の期間途中での退職について違約金を定めるケースや，無期契約の場合でも入社後3年以内に退職する場合には違約金を支払うといった契約をするケースがこれに該当します。雇用契約を締結するにあたり支払った契約金を，たとえば1年以内に退職する場合には返還させる，といった約定も，これに該当する可能性があります。

☕コーヒーブレイク8.2__留学・就学費用の貸付

　従業員の留学費用や就学・研修費用等を会社側が貸し付ける場合があります。従業員は返済義務を負うものの，3年とか5年といった一定年数勤続した場合，返済が免除される，という制度が多いようです。留学・就学は従業員にとって大きな財産となりますが，会社としても従業員に成長してもらい，また，資格などをとってもらうことはメリットです。しかし，すぐに退職されると意味がありませんから，勤続のインセンティブとして上記のような仕組みとするわけです。しかし，返済すべき費用が多額なため，従業員としては債務免除してもらうまでその会社にいなくてはならないと感じることとなります。そのため，実質的に違約金と同じような意味をもつのではないか，と疑われることになります。

　これについて裁判所は，留学するか否か，また，その内容等が従業員の自由意思に基づいて決定されているような場合には，労働契約とは別個に消費貸借契約が成立しており，禁止される違約金にはあたらないと判断しています。違約金や損害賠償の予定は，本来支払う必要のないものを支払わせるものと言えますから，支払うべきものを支払えというのは，違約金や損害賠償の予定にはあたらないというわけです。これに対し，留学や就学が会社の業務命令に基づき行われたと判断されますと，本来，業務の費用は会

114　　第Ⅱ部____労務（労働法務）の基本をつかむ

社が負担すべきものですので，それを返せと言うと，支払う必要のないものを支払えと言ったことになり，禁止される違約金や損害賠償の予定と判断されることになります。

▶▶2__前借金相殺の禁止（労基法17条）

労働することを条件として会社から借り受けた金銭を将来の賃金から弁済する契約をすることは許されません。親が金銭を借り受け，その借金を子供の賃金から返済する場合も含まれます。会社が従業員に金銭を貸し付けることが禁じられているわけではありません。その返済を賃金から行うことのみが禁じられています。

労働することを条件とした貸付か否かの判断は大変困難です。たとえば，福利厚生の一環として設けられる住宅資金の貸付制度の場合，従業員は月々の給与から返済することがあります。この場合は，労働することを条件とした貸付とは理解されていません。結局，人身拘束を目的にしたものか否かを中心に判断することになります。

▶▶3__強制貯金（労基法18条）

雇用契約を締結し，また，維持する条件として，貯蓄の契約や，貯蓄金を管理する契約をすることは許されません。過去には，このような方法で従業員を拘束する例があったことから，このような規制がおかれています。もっとも，社内預金を福利厚生の一環として実施することは，従業員の利益にもなりますので，従業員から任意の委託を受けて行う貯蓄金の管理は一定の条件の下で許されています。

8章____従業員の募集と採用　115

9章 __ 就業規則と労働条件の決定・変更

▶ §1 __ 雇用契約と就業規則

　会社と従業員との関係が契約関係である以上，その内容である給与額や労働時間などの労働条件は合意によって決められるのが原則です。もっとも，個々の従業員と労働条件を詳細に交渉することは現実的ではありません。また，会社組織の中で働いてもらうためには，統一的なルールに従ってもらう必要が大きいですし，さらに従業員間の公平を確保する観点からも統一的ルールは必要です。特別な理由もなしに条件が違えば，従業員の不満につながります。そこで，使用者としては，あらかじめすべての従業員に適用される労働条件を定めた規則を作成し，それを適用するのが一般的です。こうした規則を就業規則と呼んでいます。

▶ §2 __ 労働基準法と就業規則

▶▶1__就業規則の作成・届出・周知義務

　労働基準法は使用者に対し，このような就業規則の作成を義務づけています。すなわち，同法89条によれば，事業場において常時10人以上の労働者を使用する使用者は，同条が定める労働条件（後述）について就業規則を作成し，労働基準監督署に届け出なければなりません。また，作成した就業規則は，労働者に周知させる必要もあります。これらの義務（作成・届出・周知義務）の違反には罰則も定められています。

　ところで，冒頭に述べたとおり，就業規則は使用者にとって必要なものですから，法律で義務づけられなくても自然と作成されるのが通常です。実際，作成義務がない場合でも，就業規則が作成される例は少なくありません。にもかかわらず，法律がわざわざ使用者に作成義務を課すのはなぜでしょう。

　それは，就業規則で労働条件を明示させることが，労働者保護につながるからです。世の中には労働条件が不明確なまま労働者を働かせる使用者もいます。そのような場合，労働条件は事後的に使用者の好き勝手に決定・変更されてしまう可能性があります。それを許さないために，労基法は使用者に就業規則の作成を義務づけ，

第Ⅱ部___労務（労働法務）の基本をつかむ

使用者にそこで定めた労働条件を保障させることにしたのです。労働契約法12条（＝旧労基法93条）は，就業規則を下回る労働条件を定めた契約部分は無効になり，その部分は就業規則が定める労働条件になると定めています（これを「最低基準効」と呼んでいます）。

▶▶2＿就業規則の記載事項

労基法は，就業規則の作成にあたり，▶図表9.1に示す事項について定めをおくことを求めています。これらのうち，①から③までの事項については，必ず定める必要があります。他方，③の②から⑨までについては，それぞれの会社でそのような制度を設ける場合に限り，就業規則に記載するように求めています。たとえば，うちの会社では退職金制度を設けない，というのであれば，退職金に関する規定をおく必要はありません。他方，⑨までに書かれていない労働条件であっても，社内で統一的なルールを定める場合には，就業規則に記載する必要があります。そのことを定めているのが⑩です。

▶図表9.1　就業規則の記載事項

① 始業及び終業の時刻，休憩時間，休日，休暇並びに労働者を二組以上に分けて交替に就業させる場合においては就業時転換に関する事項
② 賃金（臨時の賃金等を除く。以下この号において同じ。）の決定，計算及び支払の方法，賃金の締切り及び支払の時期並びに昇給に関する事項
③ 退職に関する事項（解雇の事由を含む。）
③の② 退職手当の定めをする場合においては，適用される労働者の範囲，退職手当の決定，計算及び支払の方法並びに退職手当の支払の時期に関する事項
④ 臨時の賃金等（退職手当を除く。）及び最低賃金額の定めをする場合においては，これに関する事項
⑤ 労働者に食費，作業用品その他の負担をさせる定めをする場合においては，これに関する事項
⑥ 安全及び衛生に関する定めをする場合においては，これに関する事項
⑦ 職業訓練に関する定めをする場合においては，これに関する事項
⑧ 災害補償及び業務外の傷病扶助に関する定めをする場合においては，これに関する事項
⑨ 表彰及び制裁の定めをする場合においては，その種類及び程度に関する事項
⑩ 前各号に掲げるもののほか，当該事業場の労働者のすべてに適用される定めをする場合においては，これに関する事項

▶▶3＿過半数代表への意見聴取義務

就業規則を定める場合には，従業員の過半数代表の意見を聴く必要があります。この過半数代表という制度は，労働基準法の他の箇所でもよく出てきます。事業所単位で選出するものですが，もし，従業員の過半数が加入する労働組合があるので

9章＿＿＿就業規則と労働条件の決定・変更 117

あれば，その労働組合が自動的に過半数代表になります。そのような労働組合がない場合，過半数代表者を選出する必要があります。その選出方法ですが，決まった方法があるわけではありません。従業員に集まってもらい，就業規則の意見聴取のための過半数代表者を選出することを説明した上で，挙手してもらう等，従業員の意向を反映する方法で選出することになります。なお，管理職を過半数代表者として選ぶことは原則としてできません。

　意見聴取の具体的な方法ですが，作成した就業規則を過半数代表に見てもらい，それに関して意見をもらう必要があります。そして，労働基準監督署に就業規則を届け出る際に，その意見を添付する必要があります。反対との意見である場合もありますが，それでも構いません。もちろん，反対にもかかわらず届け出ると，その後，従業員との関係がギクシャクします。なるべく賛成してもらえるようにすることが望ましいでしょう。ただ，法律は過半数代表と協議することや，また，その同意を得ることまでは求めていません。

▶▶4＿就業規則の変更

　就業規則を作成する際の手続は，就業規則の内容を変更する場合にも必要となります。変更した就業規則について過半数代表の意見を聴取し，それを添付して労働基準監督署に届け出なければなりません。また，周知の手続をとることも必要です。

▶ §3 ＿ 就業規則と雇用契約の関係

　冒頭で，労働条件は，本来，従業員との契約で合意するものだ，と述べました。そうしますと，かりに使用者が就業規則を定めても，その労働条件を契約内容とするためには，あらためて従業員から同意を得ないといけないのでしょうか。

▶▶1＿就業規則の補充的効力

❶　日本人の契約意識と契約実態　　使用者が応募者に就業規則を示した上で，その内容で雇用契約を締結したいと提案し，相手方がこれに同意すれば，就業規則が定める労働条件で雇用契約が成立します。それが本来の姿かもしれません。しかし，そこまでしている会社は少ないのが現状です。

　このような実態は，日本人の契約意識が弱いためとも言えますが，長期雇用を前提とする正社員の場合，将来にわたり同一の労働条件というわけにはいかないことも影響しています。実際，有期契約の場合については，給与額，労働時間，契約期間等の重要な労働条件については，はっきりと合意するのが一般的です。ただ，そ

118　　第Ⅱ部＿＿労務（労働法務）の基本をつかむ

の場合でも，その他諸々の労働条件についてまで協議し合意することは少ないと思います。

❷ **労働契約法が定める補充的効力**　そこで，労働契約法もこうした現実に対応したルールを定めています。すなわち，就業規則を契約内容にするという合意がない場合でも，就業規則の内容が合理的で，従業員に周知されているならば，原則として就業規則が定める労働条件が契約内容になる，とのルールです（労働契約法7条，これを就業規則の「補充的効力」と呼んでいます）。

❸ **前提となる「合理性」**　法律が「合理的」な労働条件に限定しているのは，一方的に使用者を利するようなルールを排除する趣旨です。ですから，賃金額が同業他社の平均を下回るからといってただちに合理性が否定されるわけではありません。もちろん，最低賃金を下回ると，そもそも法律違反で，合理性云々の話にもなりません。合理性という条件は，要するに，会社が一方的に有利になるような非常識なルールを排除するもので，同業他社に合わせることを求めるものではありません。

❹ **前提となる「周知」**　また，「周知」というのは，従業員が見ることができる状況におくことを言いますので，従業員や，また，採用する応募者が実際に就業規則を見ることを求めるものではありません。大企業などでは，社内のネット環境の中で閲覧できるようにしていることが多いようですが，冊子を作成して閲覧可能な状況におくという方法でもかまいません。

❺ **個別特約と就業規則との関係**　ところで，何らかの事情があり，特定の従業員について就業規則とは異なる条件にする場合が出てくる可能性があります。この場合，就業規則には，それを下回ることはできないという最低基準効（▶§2▶▶1）がありますので，従業員に不利な条件を個別に合意することはできません。しかし，就業規則よりも従業員に有利な労働条件を合意すれば，就業規則の労働条件ではなく，合意された労働条件が契約内容となります。たとえば，配置転換を命令する権利を就業規則が定めている場合に，ある従業員との間で勤務地を特定する合意をする場合などです。どうしても採用したい者がいるけれど，その者は転居を拒否しているといった事情がある場合，そのような合意をすることになります。その合意は就業規則の条件よりも従業員にとって有利ですから，そちらが就業規則よりも優先されて契約内容になり，その結果，会社は転勤を命じることができなくなります。

▶▶2__就業規則の変更的効力

❶ **就業規則の変更と新規採用従業員**　従業員の労働条件を変更したい場合が出てくると思います。就業規則で労働条件を決めたのだから，就業規則を変更すれば，そのとおりに労働条件を変更できるでしょうか。

　たしかに，就業規則の変更自体は，作成の場合と同様に上述の作成時の手続と同

様の手続を踏めば，使用者が一方的に行うことが可能です。また，就業規則の変更後に採用した従業員にとっては，変更後の就業規則が採用時に存在する就業規則となりますから，それが定める労働条件が，▶▶1で述べた補充的効力によりその従業員との契約内容となります。

❷　就業規則の変更と既存従業員　　他方，すでに働いている従業員との関係では事情が異なります。就業規則は使用者が一方的に変更できるものの，すでに働いている従業員との間では，変更前の就業規則が定めていた労働条件が契約内容となっているからです。いったん契約内容になった以上，就業規則が変更されても，それとは無関係に契約内容は存続するのが原則です。換言すれば，契約当事者間で契約内容を変更する合意をしてはじめて契約内容は変更される，というのが契約の大原則なのです。労働契約法 8 条がこのことを明記しています。しかしながら，この原則については，以下に述べる重要な例外があります。

❸　有利変更の場合（最低基準効）　　まず，従業員にとって有利な変更です。たいていの従業員はそれに不満がありませんから，そもそも紛争にはなりません。したがって，考える必要もないのですが，理屈を言いますと，会社は就業規則を下回る労働条件で働かせてはならない（最低基準効＝上述）というルールがあるため，就業規則の労働条件を引き上げた場合には，その労働条件を下回る以前の労働条件で働かせることはそもそもできません（労働契約法12条）。その結果，以前の契約内容は労働契約法12条により無効となり，変更後の就業規則が定める労働条件が契約内容となります。

❹　同意のない不利益変更の場合（合理性審査）　　従業員にとって不利な変更の場合は，変更後の就業規則の最低基準効は問題になり得ません。この場合，変更前の労働条件の方が変更後のものを上回っているからです。

　しかし，たとえ不利益変更であっても，労働契約法10条は，就業規則の変更が合理的であり，それが周知されていれば，従業員との労働契約の内容は変更後の就業規則の内容へと変更される，と定めています。これだと採用時と同じではないかと思われるかもしれません。たしかに「周知」の方は同じですが，ここで必要とされる「合理性」は採用時の補充的効力が認められるために必要とされる「合理性」とはまったく内容が異なります。次に述べるように，合理性が認められるハードルは高いと考えておくべきでしょう。

❺　例外が認められるために必要とされる「合理性」　　ここで必要とされる合理性は，変更することの合理性です。この合理性は，使用者側の変更の必要性，従業員に生じる不利益の程度，変更後の労働条件の相当性，従業員への説明状況，その他の事情を総合的に考慮して判断されます。すなわち，使用者を一方的に利するような非常識なものかどうか，といった基準ではなく，会社側と従業員側，双方の利害

事情を考慮して合理的なものかどうかが判断されるわけです。

また，裁判所は，賃金や退職金といった従業員にとって重要な労働条件を従業員にとって不利益に変更する場合には，会社側に高度な必要がなければならない，としています。たとえば，財務状況が著しく悪化しているとか，賃金制度が陳腐化し，退職者が増加している，あるいは，新規採用に支障が出ている，といった特別な事情がない限り，賃金を引き下げることは難しいでしょう。これに対し，労働時間の長さはそのままに，ただ始業・終業時刻をずらす，といった変更の場合，会社側にそれなりの理由があれば，合理的と判断されます。

ところで，こうした合理性の判断は，個々の従業員について行われます。たとえば賃金制度を変更した結果，従業員によって減額の幅が違ったり，中には増額となる従業員も生じます。そうした場合，減額幅が大きい従業員については合理性が否定される一方，それ以外の従業員については肯定される，といったことが生じます。変更後の就業規則の内容が契約内容になるか否かは，個々の雇用契約について判断されるため，このようなことが生じます。

❻　**個々の従業員との個別特約がある場合**　▶▶1の❺で，採用時に就業規則よりも従業員にとって有利な労働条件を特定の従業員と合意することは可能と述べました。たとえば，就業規則では技術手当として1万円の支給が規定されていたところ，ある従業員については，その特別な技能を理由に技術手当を2万円とする合意をすれば，それが優先されて契約内容になります。しかし，その後，技術の進歩で技術手当の対象としていた技能が陳腐化し，技術手当の意味がなくなったため，会社は技術手当を廃止し，全従業員に職務手当として1万円を支給するという就業規則の変更をしたとします。この場合，この従業員に支払われていた2万円の技術手当はどうなるでしょうか。

この問題について労働契約法は，会社と従業員との間で，将来就業規則の変更があったとしてもそのまま維持するという合意がある場合には，就業規則の不利益変更の影響は受けないと定めています。逆に言えば，入社時に就業規則よりも有利な労働条件を合意しただけでは，その後の就業規則の変更により契約内容も変更されてしまいます。もちろん，その変更が「合理的」なものである必要はあるのですが，従業員からしますと，就業規則の変更があっても必ず維持されるようにするには，そのようなものとして合意しておく必要があります。

❼　**不利益変更への同意をとった場合**　以上のように，不利益変更であっても，それが合理的なもので，かつ，周知させられていれば，従前からの従業員との雇用契約の内容を変更することができます。しかし，合理性のハードルは高いものですから，それなら，契約の大原則に従い，従業員から同意をとってしまえば，合理的か否かを問題にすることなく，従業員との雇用契約の内容を変更できるのではないか，

9章＿＿就業規則と労働条件の決定・変更　121

と考える人もいるでしょう。従業員全員から同意をとるのは大変な手間ですが，合理性が認められるか否か不安な場合，実際にこのような方法をとる企業もあります。

　たしかに，契約の大原則からすれば，従業員との合意により，変更後の就業規則が定める労働条件を契約内容とすることは可能です。労働契約法9条も，「労働者と同意することなく」就業規則の変更により労働者の不利益に労働契約の内容を変更できない，と定めており，逆に言えば，同意さえあれば変更できると読めます。

　しかし，在職中に会社から変更に同意するよう迫られた場合，従業員がこれを拒否することは難しいでしょう。裁判所はこのような状況を考慮し，従業員が同意したと認められるためには，署名をしたという事実だけでは足りず，自由な意思で同意したと認めることができるだけの合理的な理由が客観的に存在している必要があると述べています。変更内容をしっかり説明するとともに，その変更に必要性があり，労働者に不利益が生じるとしてもやむを得ないものとして従業員も同意するであろうと考えられるだけの事情が必要となります。会社としては，個々の従業員がなかなか会社に本音を言えないこと，そして，裁判所もその事情を踏まえて判断することを理解しておく必要があります。

✍ トピック 9.1__労働協約と雇用契約

　労働者には，労働組合を結成し，使用者と団体交渉を行い，必要となれば争議行為を行う権利が憲法上認められています（憲法28条）。また，労働組合が結成され，会社と団体交渉を行い，合意に至れば，労働協約が締結されます。

　労働組合法は，このような労働協約に強い効力を認めています。すなわち，労働協約が締結されると，その労働組合に加入している従業員と会社との間の労働契約の内容は，労働協約によって決められます（労働組合法16条，この効力を規範的効力と呼んでいます）。このことは，労働協約が新たに締結される場合でも，労働協約が変更される場合でも同じです。例外的に，労働組合が特定の組合員を攻撃するために労働協約を締結するといった極端な場合は効力が否定されますが，このようなことが生じるのはきわめて希です。通常は，労働協約が締結されると組合所属の従業員の労働条件はそれによって決められると言えます。

　また，労働協約を締結した労働組合に加入している従業員の割合が，その事業所における同種の従業員全員の75％以上になりますと，組合に加入していない同種の従業員の労働条件も労働協約が定めるものとなります（労働組合法17条，これを協約の一般的拘束力と言います）。

　このように労働協約に強い効力が認められるのは，労働組合は会社に対し対等な交渉力をもっていることが根拠です。会社にとっては，タフな交渉となるかもしれませんが，反面，労働条件を変更する場合，労働組合と合意できれば，就業規則のように合理性が後々問題となることはなく，ほぼ間違いなく変更は有効と認められます。

▶§4 __ 個々の労働者の労働条件

▶▶1__一般的労働条件と使用者の人事権

❶ 一般的ルールと個々の従業員への適用　就業規則が定める労働条件は，全従業員に適用される一般的なルールです。しかし，これだけで労働条件が細部まで決まるわけではありません。就業規則等で一般的なルールを決めた上で，さらに個々の労働者について具体的な条件を決定する場合もあります。

❷ 賃金の具体的決定　たとえば，賃金額については，就業規則において▶図表9.2のような賃金表が定められることが多いと思います。級と号俸により具体的な金額が決まる仕組みですが，個々の従業員の級と号俸はこれだけではわかりません。そのため，賃金表に加え，級や号俸を決めるルールを就業規則で定めることになります。たとえば，大学を卒業した新規採用従業員は2級の1号俸に位置づける，とか，1年間の出勤率が9割以上で懲戒処分がされていない場合には，翌年には号俸を1つ上げる，といったルールです。しかし，多くの場合，級の決定については，最初は学歴等に基づき決めるものの，その後は会社が従業員の能力向上や働きぶりを評価して決定します（人事考課とか人事査定と呼ばれます）。その場合，就業規則には，「会社は，人事評価に基づいて従業員を昇格又は降格させることがある。」といった規定がおかれていることと思います。

☕コーヒーブレイク9.1__様々な賃金制度

　どのような賃金制度をとるかは，それぞれの会社で決める問題です。本文で例にあげたような能力評価に基づいて賃金決定を行う制度（職能資格給制度，能力給制度等と呼ばれます。）のほか，業績や成果に基づく制度（業績給制度，成果給制度等と呼ばれます），年齢や勤続年数で決める制度（年齢給制度，年功給制度等と呼ばれます），担当職務ごとに賃金額を決める制度（職務給制度，仕事給制度等と呼ばれます）等があります。実際には，これらの要素を組み合わせた賃金制度がとられることが多いようです。たとえば，職能資格給制度に基づく基本給に，業績や成果を基準に決定する業績手当，担当職務に応じた職務手当や管理職手当を加算する，といった制度です。また，扶養家族に応じて支払われる家族手当や住宅費の補助を目的に支払われる住居手当といった，福利厚生的な意味をもつ手当が加算されることも少なくありません。さらに，多くの企業では，通勤に要する費用を通勤手当として支給しています。こうした多様な要素で賃金が構成される制度をとる場合が多く，また，毎月の給与（月例給与）に加えて賞与や退職金が支給される例も少なくありません。

　他方，パートやアルバイトの場合には，時給と通勤手当のみ，といった例が多いよう

▶図表9.2　モデル賃金表

	1級	2級	3級	4級	5級	6級	7級
1号	－	279,600	327,000	363,800	390,200	427,700	475,600
2号	215,600	290,500	338,500	376,300	402,200	439,700	489,700
3号	222,300	301,600	350,100	387,400	414,000	451,900	504,000
4号	231,800	312,500	361,500	397,800	425,800	464,000	518,200
5号	238,600	323,200	373,000	408,100	437,300	476,300	532,100
6号	245,900	333,400	384,100	417,800	448,700	488,200	546,000
7号	252,900	343,700	393,900	427,200	460,100	500,000	559,800
8号	260,100	353,600	403,400	436,400	471,700	511,200	573,600
9号	267,100	363,600	412,700	445,700	483,100	522,200	587,400
10号	274,500	373,400	421,900	455,000	493,800	532,800	601,200
11号	282,300	381,200	430,800	464,200	503,500	542,300	612,300
12号	289,800	388,500	439,400	472,800	512,900	551,000	619,300
13号	297,100	395,900	447,800	480,700	520,600	558,400	626,200
14号	303,600	402,600	454,700	486,500	527,000	565,200	632,100
15号	309,900	407,300	460,200	492,100	533,400	569,600	636,700
16号	316,100	410,600	463,400	495,900	537,900		
17号	321,500	413,000	466,600	499,500	542,200		
18号	326,700	415,400	469,700	503,400	546,300		
19号	331,600	417,800	473,000	507,000			
20号	336,700	420,100	476,500	510,600			
21号	341,200	422,500	479,700				
22号	345,200	424,700	483,100				
23号	348,900						
24号	352,100						
25号	354,400						

です。時給は，仕事の内容や経験によって個別に合意されることが多いですが，パートやアルバイトについても使用者は就業規則を定める必要があり，そこには賃金制度についても定める必要があります。

　どのような賃金制度をとるかは，どのような人事ポリシーをとるか，ということと密接に関連します。どこの会社の人事部も，どのような人事制度，賃金制度をとれば，自社に相応しい従業員を集めることができるかを検討しています。企業は資本と人で構成されるものです。良き人に恵まれない企業は敗れ去るのみです。良き人が魅力的と感じる人事・賃金制度の構築こそ，企業発展の要です。

❸　配置転換・昇任・降職・出向等　　多くの会社の就業規則には，「会社は，業務の必要がある場合，従業員に配置転換を命じることがある。」といった規定がありまます。同様に，役職への配置（昇任や降職），出向等についても，会社がそれらを命じうるといった規定がおかれているのが一般的です。職務や勤務場所等を契約で

特定しない場合，会社はそれらについて決定する必要があります。これらの規定は
そのためのものです。このような命令を受けてはじめて従業員は具体的にどこで何
をすればよいか，また，その際の処遇を知ることになります。他方，会社の命令し
だいで従業員の労働条件は大きく変化することにもなります。

　上述した賃金等級の決定も含め，これらの命令権を人事権と呼んでいます。

▶▶2＿人事権の濫用

❶　**権利濫用法理の適用**　　このように，就業規則等に一般的ルールが定められて
いても，賃金額を含め会社が自らの裁量で決定する部分も少なくありません。会社
が命令権を行使しても，それが従業員の意向に沿ったものであれば，問題は生じま
せん。しかし，意向に反する場合，従業員が不満をもち，時として紛争へと発展し
ます。そのような紛争について裁判所は，会社がそのような権利を有する場合でも，
権利の濫用は許されないと述べています。

❷　**配転命令権の濫用**　　たとえば勤務地や担当職務の変更を命じる配置転換命令
については，その配置転換に業務上の必要性がそもそもなかったり，何らかの業務
上の必要性はあっても，会社側に不当な動機や目的があったり（たとえば差別や報復
等），あるいは，労働者に通常甘受すべき程度を著しくこえる不利益（たとえば転勤
の結果，子の養育がおよそできなくなるといった事情）が生じる場合には，権利の濫用
になるとしています。もっとも，いわゆるローテーション人事の場合でも業務上の
必要性は認められますので，権利濫用が認められるケースは限定的です。

❸　**降格権の濫用**　　他方，賃金の等級を引き下げる降格については，裁判所は比
較的厳しいハードルを設定しています。等級の引き下げを行うためには，そもそも
就業規則にそれに関する定めをおくことが必要と述べています。また，引き下げを
正当化するだけの客観的に合理的な理由，たとえば病気による能力低下といった事
情がなければ等級の引き下げは認められないとしています。等級の引き下げは賃下
げに直結しますから，裁判所も慎重な審査をしています。

　このように，使用者が決定権を有していても，労働者の意向に反する場合には，
それぞれの労働条件の性質を勘案しつつ，権利濫用か否かが判断されることになり
ます。

☕コーヒーブレイク9.2＿日本型雇用システム

　欧米では，契約において担当する仕事や勤務場所を特定し，それに対する対価とし
て賃金額を合意するのが一般的です。これに対し日本では，仕事や勤務場所を契約で特
定することはせず，これらは会社が決定してきました。これは，学校卒業直後に入社し，

9章＿＿就業規則と労働条件の決定・変更　│**125**

定年まで働くという，日本型雇用システムに典型的に見られる現象です。日本の企業は，新卒者を採用し，社内での経験や訓練を通じてその能力を高め，管理職も含め社内の様々な仕事を担当させる，というマンパワーの調達方法をとってきました。終身雇用や年功処遇は，まさにそれを支える雇用の方法でした。また，企業内組合もそうした労働者が自らの利益を主張するのに好都合な組織形態であったと思います。

しかし，最近は，以上のようなマンパワーの調達方法が必ずしも合理的でない場合も増えています。とりわけ技術革新や競争の激しい分野で顕著ですが，社会全体としてもそのような傾向にあります。必要なマンパワーの調達が社内での経験や訓練だけでは追いつかないようになったと言えるでしょう。そこで，経営者団体も，近年，日本型雇用システムからの脱却を各企業に促していますし，政府も労働者のリスキリングを促進するなど，日本型雇用システムの退潮への対応を強化しつつあります。

他方，働く側も，自分がする仕事や働く場所は自分で決めたいと考える人が増えています。とにかく偉くなりたい，という人もいますが，経済的基盤は安定させつつ自分らしい生活をしたい，と望む人が増えているようです。そういう人は，何をさせられるかわからない働き方はしたくないはずです。

このような会社側，働く側の変化が顕著となっており，その結果，転職や中途採用が増加するとともに，従業員募集にあたっても，たとえば財務系や総務系といった形で仕事の内容をある程度限定しないと良い人材が集まらないといった状況が見られるようになりました。今後は，転職者を中心として仕事や勤務地を特定した契約が増加するのではないかと推察されます。

10章 __ 労働法令の遵守

▶ §1 __ 法律による最低基準の設定

▶▶1__最低労働条件の法定

　会社としては，従業員ができるだけ会社の都合に合わせた働き方をしてくれると助かります。しかし，その結果，働き過ぎになると，従業員は健康を害するかもしれません。また，資金繰りが苦しいと，給料の支払を遅らせてもらえると助かります。しかし，その結果，家族を含め従業員は生活に困窮するかもしれません。こうした不都合が従業員に生じないよう，法律は，労働時間や賃金等の重要な労働条件に関し，会社が最低限守るべきルールを定めています。

▶▶2__最低労働条件の法的効力

　これらの法規制は，たとえ働く側が同意したとしても，それに違反することは許されません（このような法規制を「強行規定」と呼びます）。また，ルールが確実に守られるよう，ルール違反に対しては罰則が科されます。

　以下では，こうした法規制のうち重要なもののいくつかについて説明します。

▶ §2 __ 労働時間・休憩・休日に関する規制

▶▶1__労働時間・休憩・休日の原則

　労基法32条は1週あたり40時間，1日あたり8時間を超える労働を禁止しています。また，労基法34条は，1日の労働時間が6時間を超える場合には45分間の休憩を，また，8時間を超える場合には1時間の休憩をとらせるよう義務づけています。さらに労基法35条は，1週間のうち1日は休日としなければならないと定めています。従業員に働くことを求めることができるのは，以上の範囲内ということになります。この範囲を超える就労を契約で合意しても無効ですし，また，実際に範囲を超えて働かせると刑罰が科されます。

　しかし，実際にはより長い時間働いている者が多数存在します。それらの者は皆

法律に違反しているわけでなく，多くは法律が認めた例外を利用しています。この例外には，法定時間外・休日労働，みなし労働時間制度，変形労働時間制度，フレックスタイム制度があります。また，管理監督者の場合など，そもそも労働時間規制が適用除外となる場合もあります。以下，その概要について説明します。

🔨 トピック 10.1＿「労働時間」とは？

「法定労働時間」は，労基法32条が定める40時間や8時間という上限時間のことを意味しています。これに対し，「所定労働時間」は，それぞれの会社で決めた労働時間のことです。就業規則に始業時刻を午前9時，終業時刻を午後5時，休憩時間を午前12時から午後1時と規定されている場合，所定労働時間は休憩時間を除く7時間ということになります。労基法は法定労働時間を超えて働かせることを禁じていますから，就業規則で定める所定労働時間が8時間を超えることは許されないこととなります。この会社の場合は，7時間ですから問題はなさそうですが，ただ，注意しなければいけないことが1つあります。

たしかにこの会社では所定労働時間は7時間で法定労働時間を超えていません。しかし，たとえば始業30分前には出社して事務所の掃除をすることや，午後5時の終業後1時間の反省会への参加が義務づけられているとしたらどうでしょう。この会社では，本来の業務をしている時間だけが労働時間だとされています。しかし，労基法が定める法定労働時間を超えてはいけない時間とは，本来業務に限られるわけではありません。掃除であれ，反省会であれ，業務に付随する行為を義務づけている場合，それを行っていた時間は，労基法の世界では「労働時間」とされるのです（これを「労基法上の労働時間」と呼んでいます）。そのため，この会社の場合，労基法上労働時間とされる時間は，8時間30分（30分の掃除＋始業から終業までの7時間＋1時間の反省会）ということになり，法定労働時間の8時間を超えていることになります。8時間を超えた部分については後述する割増賃金を支払わないといけませんし，また，32条違反として罰則を受ける可能性も出てきます。そもそも8時間を超えることができないわけですから，会社としては8時間以内になるよう掃除をやめるなり，反省会を30分にするなり，何らかの対応が必要となります。

このような始業・終業前後だけでなく，たとえば手待ち時間や仮眠時間など，実作業を行っておらず待機しているだけ，場合によっては寝ているだけ，という時間についても，労働から解放されていると言えない場合には労基法上の労働時間と判断される可能性があります。従業員が自由に行動できてはじめて労働時間でなくなる，と考えておくのが無難でしょう。

なお，同様のことは休憩にも妥当します。休憩時間は従業員が自由に利用できなければなりません。昼休憩の間にも電話番を命じたのでは，休憩をとらせたとは言えません（労基法34条違反）。その結果，合計の労働時間が8時間を超える，ということにもなりますので（労基法32条違反），要注意です。

☕コーヒーブレイク10.1＿労働時間の管理

　労働基準法は，従業員の労働時間を把握すること（労働時間管理）やその方法に関しては何も定めをおいていません。しかし，行政通達は，使用者による現認・記録，タイムカード，ICカード，パソコンの使用時間等の客観的記録のいずれかによる労働時間管理を求めています。これらの方法によることが難しい場合には従業員の自己申告制でも良いとされていますが，その場合には適正な運用とするためにいくつかの条件を課しています。労働時間管理をしていませんと，労働法令を遵守していると胸張って言えませんから，労働時間管理は労務に関する企業コンプライアンスの基礎の１つと言えるでしょう。
　ところで，2019年から，労働安全衛生法が従業員の「労働時間の状況」を把握するよう義務づけています（労働安全衛生法66条の８の３）。これは長時間労働による過労死等の予防を目的としており，産業医の面接指導の対象者を見つけるためのものです。これまでは時間管理とは無縁であったみなし労働時間制が適用される従業員や管理監督者も対象となっています。これらの従業員の場合，会社にいても自分の裁量で働いていない時間もあり，「労働時間」の把握は事実上不可能です。しかし，把握しなければならないのは「労働時間の状況」であり，たとえば会社の建物に入ってから出るまでの時間，といったことになります。

▶▶2＿労働時間規制の例外①【法定時間外・休日労働】（労基法36条）

❶　**過半数協定の締結**　　労働基準法は一部の例外を除き業種を問わず，すべての事業所に適用されます。しかし，労働の種類次第で，多少長時間となっても労働者の健康に問題がない場合もありますし，収入を増やすために長時間働きたい従業員もいます。そこで，労基法は，それぞれの事業所で従業員の過半数代表との間で労使協定を結ぶことで，１週当たり40時間，１日あたり８時間の上限を超える労働（これを「法定時間外労働」と呼びます）や，休日における労働（「法定休日労働」と呼ばれる）を許しています（この協定を「36（さぶろく）協定」と呼んでいます）。労基法の基準を守るべきか否かの判断をそれぞれの事業場における労働者の多数派の意向に委ねたものです。

❷　**法定時間外・休日労働の上限**　　現在，多くの会社では，この労使協定を締結することで法定時間外・休日労働を実施しています。もっとも，これには上限が設けられており，たとえば法定時間外労働については月間45時間，年間360時間が上限です。ただ，これにはさらに例外がある等，上限規制の全体像はいささか複雑です。全体像をここで詳述する余裕はありませんが，こうした例外も含め，１か月あたりの法定時間外・休日労働が100時間以上となることは禁じられていますし，また，遡ること２か月，３か月，４か月，５か月，６か月の法定時間外・休日労働の平均がいずれも80時間を超えることも禁じられています。したがって，法定時間外・休日労働の年間最高時間は80時間×12か月で960時間ということになります。

10章＿＿労働法令の遵守　**129**

❸ **割増賃金の支払い**　　また，法定時間外・休日労働をさせた場合，割増賃金を支払う義務が生じます。法定時間外労働については通常の時間の賃金の２割５分増し以上（法定時間外労働が月間60時間を超えた部分については５割増し以上），法定休日労働については３割５分増し以上とされています。なお，労働者を深夜（午後10時から翌午前５時まで）に働かせた場合も２割５分増し以上の割増賃金を支払わなければなりません（法定時間外労働や休日労働が深夜に及ぶと足し算となり，それぞれ５割増し以上，６割増し以上ということになります）。

❹ **契約上の根拠の必要性**　　ところで，過半数協定を締結すると，労基法32条の上限を超えても労基法違反とはなりませんが，協定の効力は労基法の法定労働時間の規制を解除するだけに止まります。すなわち，従業員に残業の義務を負わせるには，協定を締結して労基法の上限規制を解除した上で，別途，契約等において残業の義務を設定する必要があります。

　たとえば，就業規則には始業・終業時刻のみが定められており，残業について記載がなかった場合を考えてみましょう。その場合，従業員との契約において，使用者の求めに応じ，終業時刻を越えて働く義務が労働者にあるわけではありません。過半数協定を締結すれば，法定時間外労働をさせても労基法違反ではなくなりますが，協定が従業員に法定時間外労働を義務づける効力をもつわけではありません。したがって，このケースで従業員に残業を行わせるには，就業規則を改正し，「会社は，業務の必要がある場合，労使協定の定めるところに従い，社員に残業を命じることがある。」といった条項を新設することが必要となります。もっとも，これは就業規則の不利益変更ということになりますから，合理的なものと判断されなければ，従業員の契約内容を変更することにはなりません（９章参照）。この点に関して言えば，過半数協定が締結されていることから，従業員の多くは賛成していると推定できますし，また，残業には割増賃金が支払われ，労働者にとっても一定の利益が生じるものであることを考えると，合理的と判断される可能性が高いと言えます。いずれにせよ，過半数協定さえ締結しておけば大丈夫というわけではないので，注意が必要です。

> **トピック 10.2　所定時間外労働**
>
> 　法定労働時間と所定労働時間の区別については，前のトピックで解説しました。前の例では，掃除や反省会がありましたが，そういうものはなく，途中１時間の休憩をはさんで７時間だけ働いているとします。この場合に，あと1時間だけ働いてもらいたい場合，どうすればよいでしょうか。これも一般に残業と呼ばれますが，あと1時間働いても合計で８時間にしかならないので，法定時間の８時間を超えていません。した

がって，法定時間外労働とはなりません。そのため，1時間の残業だけであれば，過半数協定を締結する必要も，割増賃金を支払う必要もありません。

　もっとも，労基法32条の上限内で残業を命じる場合，たしかに過半数協定や割増賃金は不要ですが，会社にそのような残業を命じる権利があることは必要です。従業員が何時間働くかは契約で決まっています。このケースだと，午前9時から途中1時間の休憩をはさんで午後5時まで働くことが契約内容になっています。午後5時以降も働くことを命じるためには，それが契約内容になっている必要があります。たとえば「会社は業務の必要がある場合，1時間を限度に残業を命じることがある。」といった就業規則の定めがあれば，それが契約内容になるので残業を命令する根拠となります。たとえ労基法で許される範囲内だとしても，契約上の根拠がなければ，従業員は働く義務を負うわけではありません。

▶▶3＿労働時間規制の例外②【みなし労働時間制度】(労基法38条の2～38条の4)

　労基法は，いくつかの種類のみなし労働時間制度を定めています。いずれも，実際に働いた労働時間にかかわりなく，あらかじめ定めた労働時間だけ働いたものと「みなす」ものです。これらの制度は，対象者が限定されている場合がありますし，実施するための手続も異なります。代表的なものは以下のとおりです。

❶ **事業場外労働のみなし労働時間制**　事業場外労働の場合は，会社が従業員の時間管理をできないため，みなし制度が以前から認められています。この場合，就業規則で定めた始業時刻から終業時刻まで働いたものとみなされます。もっとも，指示された仕事の量が多く，その時間では終わらないと考えられる場合には，それに要すると想定される平均的な時間を働いたものとみなされます。これについては過半数協定を締結しておけば，協定で定めた時間だけ働いたこととなります。

　なお，最近では通信機器の発達で，リモートでも時間管理ができるようになり，事業場外労働のみなし労働時間制度を利用できる場合は少なくなっているように思います。

❷ **専門業務型・企画業務型裁量労働のみなし労働時間制**　専門業務型および企画業務型の裁量労働制は，働く時間や仕事の進め方等を従業員の裁量に委ねることから，所定労働時間を働いたとみなすものです。働き方に裁量があるので，従業員としても自分で実際の労働時間をコントロールすることができ，ワークライフバランスにも資すると言えましょう。しかし，事実上労働時間規制を回避できることになるので，濫用の危険もあります。そこで，対象業務を，真に裁量労働が可能である場合に限定するとともに，専門業務型の場合は過半数協定の締結と労働基準監督署への届出が必要とされています。また，企画業務型の場合には，労使委員会決議とその届出が必要とされています。

✒ トピック10.3＿労使委員会

　労働基準法38条の4に出てくる制度です。過半数代表が指名する労働者側委員が半数（残りは会社側）を占める委員会であり，当該事業場において賃金，労働時間その他の労働条件について調査審議し，使用者に意見を述べることとされています。企画業務型の裁量労働制を利用するには，この労使委員会の設置が必要です。設置や運営の手間を考えると，中小零細企業では利用しにくい制度です。

　もっとも設置すれば，この労使委員会の決議により，36協定をはじめとした労働時間関係の過半数協定を労使委員会決議で代えることができます。決議には5分の4の多数決が必要となりますが，これは労働者側の委員の過半数が賛成しないと決議できないことを意味しています。

▶▶4＿労働時間規制の例外③【変形労働時間制度】（労基法32条の2・32条の4）

　変形労働時間制度とは，一定期間の労働時間を平均すると，週当たり40時間を超えないことを条件に，特定の週に40時間を超えることや，特定の日に8時間を超えることを許す制度です。業務に繁閑がある場合に利用すると効果的で，仕事が少ない日には早く帰ってもらい，忙しい時には長く働いてもらうことが可能となります。

　この変形労働時間制度には，1か月以内の期間を単位とする場合と，1年以内の期間を単位とする場合の2つがあります。後者の方が40時間や8時間という上限を大幅に超える可能性が出てくるため，導入のためには過半数協定の締結と届出が必要とされるとともに，40時間を超える時間の限度等が定められています。これに対し1か月以内の期間を単位とする場合には，就業規則に記載すれば利用できます（過半数協定を締結することも可能です）。

　変形労働時間制度では，それぞれの日の労働時間は事前に決めておく必要がありますので，直前になって今日は早く帰ってくれとか，残業してくれ，とは言えません。また，従業員にとっても早く帰れる日があるのはメリットですが，他方，長く働いても割増賃金がつかなくなります。会社からすると，この制度を用いることで従業員に支払う割増賃金を減らすことが可能となります。

▶▶5＿労働時間規制の例外④【フレックスタイム制度】（労基法32条の3）

　フレックスタイム制度とは，毎日の始業時刻と終業時刻を従業員の決定に委ねるものです。精算期間（2か月以内の期間）を定めておき，その期間に許された法定労働時間（たとえば4週間だと40時間×4週間＝160時間）の範囲内におさまるように調整しながら働くことになります。日によって8時間を超え，週によって40時間を超

えてもかまいません。ただ，期間の前半に多く働くと，期間の終わりまでに法定労働時間の総計を超えてしまいます。そのため，先に述べた法定時間外・休日労働を組み合わせるのが一般的です。同様のことは，変形労働時間制度についても妥当します。

このフレックスタイム制度の利用にも過半数協定を締結し，労働基準監督署に届け出ることが必要です。

▶▶6__労働時間規制の適用除外（労基法41条）

労働時間規制がそもそも適用除外される場合もあります。天候に左右される農業や水産業がその1つですが，どの産業についても問題になるものとしては管理監督者があります。

課長になると管理職手当がつく一方，残業代がつかなくなると言われますが，それは，「管理監督者」に該当すると，そもそも40時間や8時間という上限時間が適用されないからです。部下と同じ時間に出社し，また，退社していては，部下の労務管理ができないことが適用除外の根拠という説明を聞いたことがありますが，実際には，部下よりも遅く出社する管理職の方が多いですから，それだけでもないようです。

この点，裁判所は，労働時間規制を超えて働く必要性が大きい一方，労働時間規制の保護を及ぼす必要性が乏しいことが根拠だと考えているようです。すなわち，経営者と一体的な立場で働いていると見られるだけの重要な職務・権限を委ねられているか，それ故に一般的な労働者よりも高額の報酬を得ているか，また，自らの働き方について裁量を有しているか等を総合考慮して，管理監督者に該当するか否かを判断しています。そのため，名称を課長や店長にしておけば，管理監督者と認めてもらえるわけではありません。上記の観点で実質的に管理監督者に該当するか否かが判断されます。

☕コーヒーブレイク10.2__労働時間規制への適切な対応の必要性

本文で説明しましたように，労基法は1週40時間，1日8時間という原則を定めつつも，その原則からはずれる例外を多数設けています。ただ，その例外を利用できる場合が限定されることもありますし，また，過半数協定の締結や就業規則の整備といった手続を踏んでおく必要がある場合がほとんどです。こうした利用条件や手続を遵守しないと，例外扱いは認められません。働いてもらった後でこうした不備が見つかると，原則を超えた部分は法定時間外労働や法定休日労働ということになり，割増賃金の支払義務が発生することになります。多くの従業員について長年にわたってそのような事態が生じると，3年の時効はあるものの，多額の支払いを余儀なくされることとなります。

10章____労働法令の遵守 | 133

大企業の場合だと，億単位の支払になることが希ではありませんし，零細企業の場合でも思わぬ出費となるので，注意が必要です。

　他方，こうした例外の利用は，従業員にとっては働く時間を減らし，私的時間の確保につながります。会社にとっては人件費の予測を確実なものとし，また，効率的な働かせ方を実現するものです。したがって，このような制度を適切に利用できるか否かは，同業他社との間での競争にも影響を与えることとなります。不効率な働き方は，人件費コストを上昇させ，引いては会社の競争力を低下させます。労働時間規制を適切に利用することの重要性は大きいと言えるでしょう。

▶ §**3** __ 有給休暇

▶▶1__労基法による有給休暇権の付与（労基法39条）

　労基法は，従業員に有給休暇の権利を与えています。すなわち，従業員は，6か月間勤続し，その間の出勤率が8割以上であれば，その後1年間について10日の有給休暇の権利を取得します。この日数は勤続年数に応じて増加し，1年半後には11日，2年半後には12日，3年半後には14日，4年半後には16日，5年半後には18日，そして6年半後には20日となり，それ以降も毎年20日となります。いずれの場合も，前の1年間について出勤率が8割以上であることが条件となります。また，週の出勤日数が少ない従業員については，それに応じた日数分の有給休暇の権利が発生します。

　有給休暇は，働いてもらっていないのに給料を支払うものですから，会社にとっては負担と感じられるでしょう。しかし，たまにはまとまった休みもないと，たまった疲労も回復しないし，家事や私生活上の用事にも対応できません。また，仕事以外にやりたいことがある従業員もいます。従業員にもその人生を豊かにすごす権利があります（憲法13条）。労基法はそのために必要となる権利を従業員に与えたものと言えるでしょう。会社としては，従業員を雇う場合，有給休暇取得の可能性を最初から織り込む必要があります。

▶▶2__休暇日の決定方法

❶　**時季指定権と時季変更権**　従業員に有給休暇の権利がある場合，具体的な休暇日はどのように決めるのでしょうか。労基法によれば，従業員が休暇日を特定して時季指定すると，その日が休暇日となります（これを「時季指定権」と呼んでいます）。しかし，その日に休まれると「事業の正常な運営が阻害」される場合，会社はそれ

134　　第Ⅱ部＿＿労務（労働法務）の基本をつかむ

を拒否できます（これを「時季変更権」と呼んでいます）。逆に言えば，そのような事情がなければ，従業員がその日に休むことを阻止できません。

使用者には，できるだけ従業員が指定した日に休暇を与えるように配慮する義務がありますが，時季変更権を行使できる場合がきわめて限定的というわけでもありません。たとえば，通信社の記者（科学関係担当）が1か月の連続休暇を時季指定したことに対し，使用者が後半部分を拒否したケースについて，裁判所は業務の正常な運営が阻害される場合にあたると判断しています。

他方，そもそも人手不足状態で，誰かが休暇をとれば業務が回らない，という場合については，だからといって時季変更権の行使が許されるわけではない，と述べています。会社には，そもそも従業員の休暇取得が可能となるような人員配置を行うことが求められていると言えます。

❷　**計画年休制度**　従業員が多くなると，時季指定と時期変更という方法で有給休暇日を決めるのは事実上不可能となります。そこで，労基法は計画年休制度を設けています。これによれば，過半数協定を締結すれば，協定で定めた日を有給休暇日とすることができます。たとえば，年末年始，ゴールデンウィーク，お盆などの期間について会社を休業することで一斉に有給休暇をとってもらうことが可能になります。一斉休業ではなく，1人1人について順番に休暇をとってもらうという方法でも構いません。要は，協定で定めてしまえば，従業員の休暇日を決めてしまえるということです。しかし，従業員が自由に休暇日を決められる日がないと困ることも事実です。そこで，労基法は，計画年休で決めることができるのは，それぞれの従業員の年休の5日分を超える部分についてのみ，と定めています。したがって，計画年休協定が締結されても，最低5日分については従業員が自分で休暇日を指定することができます。

❸　**使用者による時季指定**　労基法は最長20日間の有給休暇の権利を認めていますが，実際の取得率はおおよそ半分という状況です。中にはまったく休暇をとらない労働者もいます。そこで，近時の労基法改正により，休暇の取得が5日に満たない従業員については，使用者の方から休暇日を指定して最低5日の休暇を取得させることとなりました（計画年休で取得させても構いません）。本来，働く側の権利なので，奇妙な話です。しかし，使用者がこの義務を怠れば，罰則を科されます。

▶§4＿賃金の支払方法と賃金額

▶▶1＿賃金の支払方法の規制（労基法24条）

賃金は従業員やその家族が生活を営むにあたりきわめて重要な収入源です。その

10章＿＿労働法令の遵守　135

ため，労基法は賃金が確実に従業員に支払われるよう，4つの原則を定めています。

❶ **通貨払いの原則**　通貨払いの原則は，日本国内で強制通用力をもつ通貨で賃金を支払うよう求めるものです。もっとも，銀行，証券会社や資金移動業者（デジタル払い）の口座への振り込み等が例外として認められています。さらに，ボーナスを自社製品で支払う，といったケースが考えられますが，このような現物給付は，過半数協定ではなく，労働組合との労働協約がある場合にのみ認められています。

❷ **直接払いの原則**　直接払いの原則は，従業員本人への支払を義務づけるものです。代理人にも，また，従業員から賃金債権を譲り受けた者に支払うことも許されません。ただ，従業員が病気で寝込んでいる場合など，家族による受け取りは可能とされています。

❸ **全額払いの原則**　全額払いの原則は，使用者に賃金の全額を支払うよう義務づけるものです。従業員に対して何らかの貸しがあっても，それを給料から控除して支払うことは許されません。ただし，会社が従業員の過半数代表との間で協定を締結すれば，控除が可能となります。たとえば，親睦会の会費や，社内食堂の利用料金を給料から天引きする場合が考えられます。

☕コーヒーブレイク10.3＿会社による従業員に対する損害賠償請求

　従業員が会社の機械・設備を壊したりして損害を与えることがあります。この場合，会社が従業員に対し損害賠償請求することがあるかもしれません。このような損害賠償請求は基本的に可能ですが，裁判所が損害の全部について賠償請求を認めてくれるとは限りません。

　会社の機械・設備は高額なものであることが多いため，賠償額も高額となる可能性があります。会社は，そのような機械・設備を従業員に使用させて利益を上げているわけですが，機械・設備を扱うのが人間である以上，一定の頻度でミスが生じることは不可避です。そうであれば，そのミスから生じた損害のすべてを従業員に負担させるのは公平でなく，むしろ，その機械・設備を用いた事業で利益を得ている会社にも応分の負担をしてもらうのが公平と考えられます。具体的な負担割合は，従業員の過失の程度や損害額等を中心に様々な事情を考慮して決められます。

　労基法24条は，損害賠償を給料と相殺することも禁じていますが，そもそも損害賠償請求できる範囲も限定される可能性があることにも注意が必要です。

---

❹ **定期払いの原則**　定期払いの原則によれば，給与は，毎月1回以上，定期的に支払う必要があります。最近は年俸制がとられる場合もありますが，その場合でも支払いは定期的に行う必要があります。

136　第Ⅱ部＿＿労務（労働法務）の基本をつかむ

▶▶2＿賃金額に関する規制

　以上のように，労基法は支払方法を規制することで，従業員が確実に賃金を手にすることができるように配慮しています。しかし，そもそも賃金額が少なければ，従業員やその家族の生活は困窮します。この点に関する規制は存在しないのでしょうか。

❶　最低賃金法による地域別最低賃金と特定最低賃金　　賃金額に関しては，最低賃金法が，都道府県ごとに審議会方式で最低賃金額を定めることとしています（地域別最低賃金）。最低賃金額は時間給で定められます。その金額を下回る賃金しか支払わなかった場合，使用者は罰則を科されますし，また，従業員は最低賃金額に満たない差額を請求できます。

　最低賃金額は都道府県単位で定められるため，都市部と地方との間で格差があります。2024年の最低賃金額は東京では1163円ですが，秋田では951円となっており，200円以上の格差があります。事業所の所在地がどこかで，どの最低賃金が適用されるかが決まることとなります。

　なお，特定の産業や職業について，労使の申出により地域別最低賃金よりも高額な特定最低賃金が定められることもあります（特定最低賃金）。この場合も，審議会での審議結果を踏まえて決定されます。

❷　団体交渉による賃金額の決定　　最低賃金以外に賃金額を規制する法律は存在しません。最低賃金を上回る賃金額については，労働組合と使用者との団体交渉によって決するというのが憲法や労働組合法の想定するところです。もっとも，労働組合を結成するか否かは従業員に委ねられています。起業した，あるいは，会社が一定規模以上になったからといって，会社が労働組合を作らないといけない，といったものではありません。そのような行為はかえって不当労働行為と評価されかねません。労働組合の結成はあくまで従業員に委ねられたものです。

　現在，日本における労働組合の推定組織率は16.5％とされています。法律が想定する団体交渉による賃金決定は，労働組合が結成されている大企業中心に少数の労働者についてのみ妥当しているにすぎないと言えましょう。労働組合が存在しない場合には，会社と従業員が契約で賃金額を定めるわけですが，実際には，使用者が作成する就業規則が定める賃金制度に従って賃金額は決まることとなります（本書9章参照）。

▶§*5*＿安全衛生

　従業員は会社の命令に従って働き，また，会社が用意した工場，事務所などで働

きます。従業員が安全に働けるか否かは，まさに会社次第です。そのため，労働安全衛生法は，会社が従業員を就労させるにあたり守るべき安全措置について様々な定めをおいています。

▶▶1＿危険・健康障害防止措置

労働安全衛生法は，たとえば高所作業やクレーン作業，また，爆発物を取扱う作業等から生じる危険を防止するための措置をとるよう事業者に求めていますが，このような危険な作業は多岐にわたるため，詳細な規制内容は厚生労働省令に委ねられており，その量は膨大なものとなっています。ここでその内容を紹介することはとうてい不可能ですが，重要なルールですから，従業員にお願いする作業について，そのような規則が設けられているか否か，あらかじめ確認することが必要です。

▶▶2＿安全衛生管理体制の整備

❶　総括安全衛生管理者等の選任　　また，労働安全衛生法は，事業者に対し，安全衛生を確保するための体制作りを求めています。たとえば，事業者は事業の種類と規模に応じ，総括安全衛生管理者を選任しなければなりません。そして，この者に，資格をもつ安全管理者等を指揮させるとともに，様々な危険防止措置の実施，安全衛生教育，健康診断等の実施，労災の原因調査・再発防止等の業務を統括管理させることとしています。また，一定規模の事業場については産業医を選任し，従業員の健康管理を行わせる必要がありますし，一定の作業については，作業主任者を選任し，その者にその作業に従事する従業員の指揮等を行わせる必要があります。

❷　衛生委員会等の設置　　さらに，労働安全衛生法は，事業場の業種や規模に応じて，安全委員会や衛生委員会の設置を義務づけています。従業員が50人以上になった場合には，少なくとも衛生委員会の設置が必要となります。衛生委員会は事業場における健康障害の防止や健康増進等に関する事項を調査審議し，事業者に対して意見を述べるものです。また，衛生委員会は，衛生問題に関する経験と専門的知見を有する者を委員として指名することになりますが，その半数は過半数代表の推薦に基づき指名する必要があります。

▶▶3＿その他

上記以外にも，労働安全衛生法は，会社に対し，従業員に対する安全衛生教育を義務づけていますし，また，作業環境測定や健康診断も義務づけています。さらに，近時は長時間労働による精神疾患が問題視されるようになったため，従業員のメンタルヘルスを確保するための様々な取り組みも求めるようになっています。

これらの違反のほとんどに罰則が定められており，これらのルールの重要性が示

されていると言えます。従業員の働き方や職場環境次第で，従業員の健康や生命に
危険が生じうることに最大限の注意を払う必要があります。

✍ トピック10.4＿労働災害と労災補償

　様々な安全対策をしても業務のために従業員が怪我をし，場合によっては亡くなる
こともあります。また，業務が原因で病気になることもあります。このような場合につ
いて，労災保険が整備されています。怪我や病気が会社側の落ち度で生じたか否か，ま
た，従業員の落ち度で生じた否かにかかわらず，それが業務上のものである場合には，
補償が行われます。補償は，療養のために必要となる費用，療養のために休業する期間
中の補償，障害が残った場合の補償，亡くなった場合の遺族補償など多岐に亘ります。
　この労災保険は会社側が保険料の全額を負担することとなっており，1人でも従業
員を雇用すると労災保険の手続を行い，保険料を支払わなければなりません（14章参
照）。もっとも，かりに会社が何らの手続をしていなくても，会社に雇われた時点で保
険関係は成立するので，従業員は労災に遭えば，労働基準監督署において給付請求する
ことが可能です。
　以上のような労災保険による補償が行われても，会社側に安全配慮義務違反がある
場合には，別途，従業員あるいはその遺族から損害賠償請求をされる可能性があります。
労災保険による補償があるので，一定範囲においてそれとの調整はなされるものの，た
とえば若年者が長時間労働やハラスメントのために自殺したようなケースでは，損害賠
償額は高額なものとなります。とくに本章で説明したような時間外労働の上限や，その
他労働法令が遵守されていなかったケースでは，安全配慮義務違反があったものと判断
されます。

11章 ___ 業務遂行過程と従業員利益

▶§1 ___ 労働義務と服務規律

▶▶1__労働義務の範囲

　雇用契約に基づき，従業員は会社の指示に従って働く義務を負います。逆に言えば，会社が指示しないと従業員としてはすべきことがわかりません。

　会社が従業員に対し命じることができる仕事は，契約で定めることになります。我が国の場合，仕事内容を契約で特定しない場合が多いですが，特定のポストや特定分野の職務を契約内容とした場合，原則としてその範囲内の仕事しか指示できません。範囲外の仕事を命じる場合は，従業員の同意が必要となります。

▶▶2__服務規律

　働き方についての基本的な遵守事項は，通常，就業規則において定められます。そのような定めは服務規律と呼ばれます。たとえば，誠実に働く義務や他の従業員と協力する義務，職務に専念する義務，業務命令に従う義務といった抽象的な内容のものや，始業時刻，終業時刻，休憩時間といった具体的な内容のものもあります。また，秘密を守る義務，規則に従って備品を使用する義務，ハラスメントの禁止，社内での喫煙の禁止，贈答品受け取りの禁止等といった義務や禁止事項も定められます。どのような定めをするかは会社により様々です。さらに，職場外での行動を規制するものも見られます。

　就業規則にそのような規定がある場合，それが周知され，合理的な内容であれば，契約内容になりますから（本書9章参照），雇用契約を締結することで従業員はそのような服務規律を遵守して働く義務を負ったことになります。

　また，かりにそのような規定がない場合でも，裁判所は，雇用契約の締結によって従業員は企業秩序を遵守する義務を負うことになると述べています。企業秩序遵守義務とは，業務が正常に遂行されるように行動する義務，と理解しておけばよいでしょう。

140　第Ⅱ部___労務（労働法務）の基本をつかむ

▶§2 ― 服務規律違反に対する懲戒処分

　従業員が服務規律に違反した場合，出勤停止や減給といった懲戒処分を行うのが一般的です。

▶▶1__就業規則記載の必要性

　懲戒処分を行うためには，就業規則に懲戒制度を定めておく必要があります。どのような場合に懲戒処分を行うのか（懲戒事由），また，その際に行う懲戒処分の種類が定められている必要があります。懲戒処分は，従業員にとって不名誉なことですし，ボーナスの査定や人事，さらには退職金計算における不利益を伴います。また，転職にも不利益に影響する可能性があります。そのため，どのような場合にどのような処分となるのかをあらかじめ示す必要があります。

▶▶2__就業規則での定め方

　懲戒処分の対象となる行為の詳細を逐一定めることは現実的ではありません。そこで，たとえば懲戒事由の1つとして「就業規則の各規定に違反する行為がある場合」といった定めをしておけば，それだけで就業規則が定める服務規律に違反する行為のすべてを対象とすることができます。また，「会社に損害を与えた場合」や，「会社の名誉・信用を毀損する行為をした場合」といった条項を定めている就業規則も多く見られます。決まった定め方があるわけではありませんが，少なくともどういう行為が懲戒の対象になるかが分かる程度でなければなりません。そのため，たとえば「懲戒処分が必要な場合」といった定めがあるだけでは不十分でしょう。

　処分の種類としてよく見られるのは，懲戒解雇，諭旨解雇，出勤停止，減給，戒告といった処分です。就業規則に定めていない種類の処分をすることはできません。

▶▶3__懲戒権の濫用

　もっとも，就業規則に定められた懲戒事由に該当する行為があれば必ず処分できるわけではありません。労働契約法15条によれば，懲戒処分は，客観的に合理的な理由を欠き，社会通念上相当と認められない場合，その権利を濫用したものとして無効とされます。したがって，従業員の行為が就業規則に定められた懲戒事由に一応該当するとしても，その内容やそれに付随する諸事情を考慮し，懲戒処分を行うことが適切であったか，また，なされた処分内容が適切であったかが審査されます。その際には，従前の処分例との公平も問われますし，また，手続的な問題も生

じます。たとえば懲戒処分を受けた従業員に対し，可能であるにもかかわらず，弁明の機会を与えずに処分をしますと，無効と判断される可能性が大きくなります。

▶ §3 ＿ 服務規律と従業員利益の衝突

従業員は就業規則の定めや会社の命令に従って働く義務を負うわけですが，就業規則の定めや会社の命令が従業員の利益と衝突する場合も生じます。従業員は自らの身体で働くわけですので，従業員の人格的利益が侵害される可能性が出てきます。ことは人権問題に及びますので，いかに契約で義務づけられているとはいえ，そのような従業員利益との調整を図る必要は無視できません。そこで，裁判所も，労働現場で生じるこのような問題について，主に権利濫用法理を用いて調整を図っています。問題は多岐に亘りますので，以下ではそのうちのいくつかを紹介します。

▶▶1＿叱責と研修

部下が仕事でミスをした場合，上司が叱責することがあります。ミスの内容やその原因を確認し，ミスを繰り返さないように職務の遂行方法の改善を指示することは，当然必要です。しかし，殴りつけたり，蹴ったりといったことはもちろん（犯罪です），怒鳴りつける，といったことも許されません（パワハラになります）。

また，改善のために始末書を書かせる，各種の研修を行う，といったことは許されますが，たとえば就業規則の書き写しを命じるなど，その改善効果が不明で，懲罰的な意味しかもたないような場合には，その研修命令が権利の濫用として違法と判断されることがあります。

他方，一見懲罰的な命令に見えても，会社の業務遂行上必要となる行為を命じるものであれば，権利濫用と判断される可能性は小さくなります。業務遂行上必要となる作業の中には，どの従業員もやりたくない仕事があるものです。しかし，誰かがそれをしなければなりませんから，それを命じたからといって通常はその命令が権利濫用となるものではありません。

▶▶2＿服装や髪型

接客を伴う業務の場合，会社は，客に好印象を与えるため，従業員に身だしなみを整えるよう求めることが多いでしょう。また，制服の着用を求めることもあります。制服の着用は，安全上の必要に基づく場合もあります。

就業時間中の服装に関しては，基本的に使用者の命令に従う義務が従業員にはあります。他方，就業時間外については，たとえば会社の評判を落としたくない，といっ

142　第Ⅱ部＿＿＿労務（労働法務）の基本をつかむ

た理由で「乱れた服装」で外出することを禁止するようなことは，私生活への過度な干渉です。もちろん，それが犯罪に該当する等して会社に迷惑がかかれば，会社の名誉・信用を毀損したとして懲戒処分の対象となり得ます（後述）。

難しいのは，髭を生やすことや金髪に染めることの禁止です。服装は仕事の前後で着替えれば済みますが，髭や髪の色はそうはいきません。しかし，仕事の内容次第では，金髪が不適切な仕事もあるでしょう。業務上の必要がある場合には，就業規則に定めをおいた上で，採用の際にしっかりと説明していれば，そのように求めても問題はありません。

▶▶3__所持品の検査

会社の金庫においてあった現金がなくなった，消耗品の減り方が激しい，社内で盗撮されたとみられる画像がネットに流出した，このような事態に直面すると，従業員が犯人ではないか，と疑いたくなるかもしれません。しかし，証拠はない。それなら，従業員のロッカーや所持品を検査したら，何か出てくるのではないか。とくにAさんは日頃から反抗的な態度をとっており，疑わしい。そこでAさんを呼び出して，鞄の中を開けて，中味を見せるよう命じた。このような行為は許されるでしょうか。

このような行為はAさんのプライバシーを侵害するとともに，根拠もなくAさんを犯人扱いする点で重大な名誉毀損になります。しかし，社内での「犯行」が続くのであれば，場合によっては所持品検査も必要となり，それがまったく許されないわけではありません。そのためには，就業規則において，所持品検査が必要となる場合には所持品検査を行うことがあることを明記した上で，従業員のプライバシーに配慮しつつ，全員一律に行う必要があります。このような方法をとらないと，会社はAさんに対し損害賠償をしなければならなくなります。

▶▶4__メールの利用と閲覧

従業員に業務用のメールアカウントを与えることがあると思います。このアカウントは業務用ですから，私的利用を禁じることは可能です。ただ，その場合でも，メールは電話と同様に一般的な通信手段となっていますから，社会生活上必要な範囲で私的通信がなされても，私的利用の禁止に違反したとして懲戒処分をすることは権利濫用と判断されるでしょう。

他方，メールの秘匿性ははがき程度ですので，従業員もそのことを認識する必要があります。また，会社はアカウントの利用状況を監視することができますし，その過程でメール内容をみる必要が生じることもあると思います。もっとも，担当者でない者が理由もなく興味本位で閲覧することや，それを他者に伝達する行為は，

11章___業務遂行過程と従業員利益 **143**

従業員のプライバシーを違法に侵害するものとして損害賠償の対象となる可能性があります。

▶▶5__監視カメラ

職場に監視カメラを設置できるか、という問題があります。金品を扱う場所については、その設置は従業員を守ることにもつながりますし、基本的には認められます。しかし、そのような理由もない中で監視カメラを設置して常時従業員を監視することは、従業員のプライバシーの侵害になる可能性が大きくなります。

従業員を監視する目的ではなく、防犯を目的として出入り口にカメラを設置する場合や、機械・設備の稼働状況を確認するためにカメラを設置する場合もあります。その際に従業員が映り込むことは基本的に問題のないことです。要はカメラ設置の目的であり、従業員の人格的利益の侵害を目的とする行為は許されません。

▶▶6__守秘義務と公益通報

会社の内部情報をみだりに外部に漏らされると業務上支障が生じることがあります。そのため、就業規則において守秘義務を定める例は少なくありません。また、かりに就業規則に定めがない場合でも、会社の秘密をみだりに漏らして会社に損害を与える行為は雇用契約上の信義則に違反するものとして違法と考えられます。

もっとも、内部情報が法令違反に関するものであり、それを外部に知らせることが消費者はじめ社会一般の利益になる場合はどうでしょうか。たとえば、社内で産地偽装や粉飾決算が行われている、といった情報です。いわゆる内部告発と呼ばれる問題ですが、このような場合でも情報漏洩行為として懲戒処分がなされる例は少なくありません。会社にとっては「裏切り者」ということになるからです。しかし、そのような懲戒処分の有効性が争われた裁判では、告発内容が真実か、真実と信じるに足りる合理的な理由がある場合については、告発の目的やその手段・方法等も踏まえ、正当な行為と判断できるのであれば、懲戒処分は無効とされています。

また、2004年には公益通報者保護法が制定され、社内での法令違反を然るべき形で通報した従業員に対する解雇等の不利益取扱いが禁止されています。同法はその後も改正され、役員の解任も対象とされるに至っています。また、従業員300人以上の企業の場合には、通報窓口の設置が義務づけられています。

▶▶7__勤務時間外の行動

勤務時間外においても会社の名誉や信用を失墜させる行為を禁止する就業規則が多いと思います。従業員は、決められた勤務時間中は働く義務を負いますが、残りの時間は自由な私的時間のはずです。基本的にはそうですが、他方、従業員が犯罪

行為などを行った場合，会社も強く批難されます。そのような場合，会社は懲戒処分を行い，社会に対する会社の責任を果たします。そして，裁判所もそのような懲戒処分を有効と判断しています。すなわち，会社の従業員は，会社の名誉や信用を傷つけるような行為をしない義務を負っており，それは勤務時間にとどまらず，私的な時間についても妥当します。

▶§**4** __ 従業員に対する平等処遇

　以上のように，働いてもらう過程では，従業員の人格的利益に配慮する必要があります。これに加えて，従業員を平等に処遇することも重要です。

　憲法は，13条において個人の尊重を謳った後，14条において「すべて国民は，法の下に平等であって，人種，信条，性別，社会的身分又は門地により，政治的，経済的又は社会的関係において，差別されない」と定めています。これを受け，会社に対し従業員の平等取扱いを求める法律規定が制定されています。

▶▶1__労働基準法が定める平等原則

　労働基準法3条は，「使用者は，労働者の国籍，信条又は社会的身分を理由として，賃金，労働時間その他の労働条件について，差別的取扱をしてはならない」と定めています。**8章**で述べた通り，労働者を募集・採用する時点では，このルールは適用されませんが，採用後は適用されます。

❶　**禁止される差別事由**　　禁止される差別事由は，国籍，信条，社会的身分の3つです。信条は宗教や政治信条等を，また，社会的身分は出自や出身地等を指します。これらは本人の生来的な属性であって，自ら免れようとしてもできないものです。労基法3条は，いわば従業員の人格の一部とも言えるものを守ろうとしています。もっとも，そのような人の属性は，この3つ以外にも存在します。たとえば身体的特徴や先天性の疾患等は労基法3条では対象とされていません。しかし，そのような事由で差別的取扱いをすれば，公序良俗違反と判断され，たとえば解雇でしたら無効と判断されます。

❷　**禁止される差別的取扱い**　　禁止されるのは，解雇やその他の労働条件での差別です。たとえば，賃金額を日本人と外国人で区別している，特定の政党の支持者であることがわかったので昇進させなかった，部落出身者だとわかったので解雇した，といったことはすべて労基法3条違反です。同条違反については罰則がありますし，差別的取扱いは無効となります。

❸　**差別意思**　　ところで，差別的取扱いがこれらの事由に基づいたものかどうか

の判断は簡単ではありません。以上のような事由で差別した，とあからさまに述べる会社はありません。しかし，そのように述べさえしなければ差別にならない，というわけでもありません。諸事情からみて，会社側がそのような意図で差別的取扱いをしたと認められるのであれば，労基法3条違反は成立します。会社側としては，従業員に対し不利益な取扱いをせざるを得ない場合もあります。そのような場合，業務上の必要や従業員側の成績・能力等，差別事由以外が根拠であることをしっかり説明できるようにしておく必要があります。

▶▶2__男女差別

❶ **労基法4条と女性保護規制**　労基法3条には性別が定められていません。性別に関しては，労基法4条が，「使用者は，女性であることを理由として，賃金について，男性と差別的取扱いをしてはならない」と定めています。女性だけ，また，賃金だけが対象となっているのですが，これには，労基法が，制定当初，女性労働者を年少者（18歳未満の者）と同様の弱者と捉え，特別な保護を定めていた，という背景があります。特別な保護としては，たとえば，深夜労働の禁止や時間外労働の制限等がありました。このような特別な保護を行うことは，性別を理由とした差別的取扱いを意味しますから，男女差別の禁止とは矛盾します。そこで，保護を定めつつ，賃金についてのみ女性であることを理由とした差別的取扱いを禁止したわけです。

❷ **男女雇用機会均等法と労基法改正**　しかし，その後，労働環境の変化に伴って女性の職場進出が進み，また，男女平等に関する意識も変化しました。これを受け，1985年には男女雇用機会均等法が制定され，同時に労働基準法におけるいわゆる女性保護という考え方は放棄されました。現在，労基法が保護の対象とするのは「女性」ではなく「母性」であり，女性を「弱者」として保護するような規定は撤廃されています。

　現在，労基法4条はそのまま維持され，加えて男女雇用機会均等法がより広い範囲で性差別を禁止しています。すでに**8章**において述べましたように，同法は募集・採用時点において性別にかかわらず均等な機会を与えることを使用者に義務づけています。そして，採用後についても，広い範囲の性差別を禁止しています。

❸ **男女雇用機会均等法が禁止する性差別**　同法6条は，配置，昇進，降格，教育訓練，福利厚生，職種・雇用形態の変更，退職勧奨，定年，解雇，契約更新について性別を理由とした差別を禁止しています。さらに，労働者の身長，体重，体力に関する事由を募集・採用の要件とすること，転居を伴う配転に応じることを募集・採用や昇進等の要件とすること，転勤経験を昇進の要件とすることも禁じられます（同法7条）。これらは必ずしも性別を差別理由とするものではありませんが，間接

的に性差別につながるものとして法律が禁止しています。他方，特別な事情がないのに，女性労働者の割合が小さいままの場合には，女性労働者を優先して募集・採用することは認められています（同法 8 条）。

❹ **男女雇用機会均等法違反に対する制裁**　男女雇用機会均等法は以上のように広範囲の性差別を禁止していますが，労基法とは異なり，違反に対する罰則を定めていません。違反に対しては労働局の行政指導や，また，同法が定める調停手続等の申立があり得ますが，いずれも強制力がありません。そのため，違反の法的責任を問うには，差別を受けた従業員が自ら訴訟を提起する必要があります。しかし，訴訟提起のハードルは高いのが現実です。

▶▶3＿その他

上述以外にも差別の禁止を定めている法律はあります。障害者雇用促進法は障害者であることを理由とした募集・採用差別を禁止しています。また，労働施策総合推進法も募集・採用における年齢差別を禁止しています（**8章**参照）。

▶§5 ＿ 特別な状況にある従業員についての保護

▶▶1＿年少者の保護

労基法は15歳に達した日以後の最初の 3 月31日が終了するまでの者（中学生ということです）を児童と呼び，原則として雇用してはならないとしています。例外として映画制作・演劇等で雇用することは認められます。

中学を卒業した者であれば雇用することが原則として可能になりますが，18歳未満の者については「年少者」として特別に保護されます。

まず，雇用契約の締結ですが，年少者は未成年ですから，親権者や後見人の同意を得なければ雇用契約を締結できません。これは民法が定めています。ところで，民法では，親権者や後見人の権限が広く認められており，親権者や後見人が本人の同意を得れば，本人が同席せずとも本人を代理して契約を締結することが可能です。しかし，労基法はこのような代理による雇用契約の締結を禁じています。そのため，年少者と雇用契約を締結するには，本人との間ですることが必要です。しかし，親権者や後見人の同意が必要というルールは適用されますので，この同意も得ておく必要があります。

また，かりに契約が締結されても，年少者にとって不利と判断される場合には親権者や後見人だけでなく，行政官庁もこれを将来に向かって解除することができます。さらに，親権者や後見人は，年少者に代わって賃金を受け取ってはいけません。

要するに，労基法は，親権者や後見人が年少者の害となりうる存在と捉えているのです。

また，労基法は，年少者の働き方について，たとえば法定時間外労働や深夜労働を禁止し，また，変形労働時間制の利用についても制限しています。危険有害業務に就かせることも禁じていますし，坑内労働も禁止しています。身体がまだ成長途上にあることへの配慮です。

▶▶2＿母性の保護

妊娠中，また，出産後については，通常の働き方をすると母体に悪影響があるため，特別な保護が規定されています。

❶ **産前産後休業（労基法65条）** まず，産前6週間については，従業員が請求した場合，会社には休業させる義務があります。また，産後8週間については，従業員の請求にかかわらず，休業させる義務があります。ただし，6週間経過後については，医師の証明があれば労働者の請求に基づき働いてもらうことが可能です。休業期間中は無給で構いません。

❷ **時間外労働等の制限（労基法66条）** また，妊娠中及び産後1年以内の女性従業員（妊産婦）については，その従業員の請求がある場合には，法定時間外労働や深夜労働をさせることはできませんし，変形労働時間制の適用も制限されます。また，坑内業務や危険有害業務についても就業制限があります。

なお，坑内労働のうち人力による掘削の業務等，また，危険有害業務のうち重量物取扱及び有毒ガス作業は，妊産婦に限らずすべての女性従業員について禁止されています。女性一般について禁止するのは，これらが妊娠・出産にかかる機能について有害であるからです。

❸ **生理日の就業が著しく困難な場合の休業（労基法68条）** 生理日の就業が著しく困難な女性従業員が休みを請求した場合には，就労させてはいけません。この休業は無給で構いません。

▶▶3＿育児・介護の支援

従業員が育児をする場合について，法律は会社に様々な配慮を求めています。労基法のほか，育児介護休業法に定めがあります。

❶ **育児時間** 労働基準法は，1歳未満の子どもを育てる女性が請求した場合，通常の休憩時間に加え，1日2回，それぞれ少なくとも30分間，その子どもを育てるために休むことを認める必要があります。なお，この時間は無給で構いません。

❷ **育児休業** 育児介護休業法は，子どもを養育する従業員が，子どもが1歳に達するまでの期間，休業する権利をもつと定めています。また，従業員は，保育所

148 第Ⅱ部＿＿労務（労働法務）の基本をつかむ

に子どもを預けることができない等の事情がある場合，子どもが 2 歳になるまで休業を延長することができます。両親のどちらにも休業の権利が与えられ，しかも同時に休業することも可能です。休業期間中については，雇用保険から育児休業給付が支給されます（最初の 6 か月は給与の67％，その後は50％，ただし上限と下限があります）。

　この権利は法律がすべての労働者に付与したものですから，自社では育児休業を認めない，といったことは許されません。法律に基づいて従業員が請求すれば，会社としては休業させなければなりません。そのため，就業規則において育児休業制度を設けることが必要になります。

☕ コーヒーブレイク11.1＿育児休業を理由とする不利益取扱い

　育児介護休業法は，育児休業の申出又は取得を理由として解雇その他の不利益取扱いをしてはならない，と定めています。人員に余裕のない零細企業の場合，従業員が育児休業している間だけ代わりに働いてもらえる人を見つけることは難しいかもしれません。また，代わりに来てもらった従業員の方がよく働く，ということも起こりえます。しかし，育児休業が終わって復帰してきた従業員を解雇すると，休業を理由とする解雇と判断され，無効になります。かといって，育児休業をとるのであれば辞めてほしいと告げると，育児休業の申出を理由とする解雇ですから，もちろん無効です。零細企業にとって，育児休業制度は負担の大きい制度だと思います。しかし，子どもを産み育てることは，会社が拠って立つ社会全体の課題ですから，会社としても応分の負担をするよう求められているわけです。

❸　**介護休業**　育児介護休業法は，介護休業の権利も従業員に与えています。従業員の配偶者，父母，子，配偶者の父母，同居且つ扶養している祖父母・兄弟姉妹・孫が，要介護状態になった場合，1 人につき要介護状態になるごとに 3 回まで通算93日を上限として従業員は休業する権利をもちます。休業期間中は無給となりますが，給与額の67％（ただし上限があります）の介護休業給付が雇用保険から支給されます。介護が必要となる期間は様々で，中には何年にもわたり介護が必要となる場合もあります。介護休業制度は，介護をするための時間ではなく，介護施設や介護サービスを手配する等，介護体制を整えるための時間を与えるものと言えます。

　なお，介護休業の申出及び取得を理由とする解雇その他の不利益取扱いも，育児休業の場合と同様に禁じられています。

❹　**看護・介護休暇，所定・法定時間外労働の制限，深夜業の制限**　育児介護休業法は，休業以外にも，従業員の育児や介護の手助けとなるよう，会社に対し様々な対応を義務づけています。たとえば小学校入学前の子供が病気や怪我をして看護が必要となった従業員は，年間 5 日を限度として看護休暇を請求できます。介護についても同様で，対象家族の介護が必要となった場合には年間 5 日を限度として休暇を請求

できます。これ以外にも，所定労働時間を超える労働の制限，法定時間外労働の制限，深夜業の制限を従業員が請求できる場合が認められています。また，これらについても請求等を理由とした不利益取扱いは禁じられています。

12章 __ 知的財産管理と従業員

▶ §1 __ 知的財産の法的保護

　事業運営において，特許や実用新案等のいわゆる知的財産の管理は大変重要な課題です。有体物ですと，占有してしまえば，他の人は使えません。他方，知的財産は情報ですから，複数の人が同時に使用可能です。内容がわかれば使えてしまいます。

　しかし，多額の経費をかけて開発した製品の模倣品が出回れば，開発した会社は本来得られたはずの利益を失い，費用回収さえできなくなります。模倣した会社は開発経費が不要ですから，開発した会社よりも低コストで製品を製造できます。

▶▶1__特許権等の産業財産権

　これでは新規開発の意欲が失われますので，社会的に有用な新規開発等に対しては開発者の権利を保護する制度が設けられています。特許権はその1つです。特許権以外にも，実用新案権，意匠権，商標権が認められており，これらは産業財産権と呼ばれています。特許庁が管轄しており，たとえば特許の出願を特許庁に行い，それが認められれば，特許権として保護されます。独占的使用も可能ですし，他社に使用権を付与することで収益を得ることもできます。無断で使用された場合には使用の差し止めや損害賠償を請求できます。

　他方，出願や権利維持のためには費用が必要ですし，特許は出願から1年6か月後には，その内容が公表されます。そのため，あえて特許出願することなく，自社のノーハウとして秘密管理をした方が良い場合もあります。

▶▶2__産業財産権以外の知的財産権

　産業財産権以外にも著作権や会社法上の商号，また，種苗法による育成者権といった特殊な分野の権利も存在します。さらに，不正競争防止法は，商品等表示の混同惹起行為，著名表示の冒用，営業秘密の侵害，限定提供データの不正取得等を規制しており，これらも会社が保有する情報を保護するものです。

　情報技術の進展に伴い，今後も情報のもつ価値がますます大きくなり，新たな形の知的財産が法律上認められていくでしょう。自社の事業分野における知的財産保

護の法状況については普段から注意しておくことが望まれます。知らず知らずのうちに他人の知的財産権を侵害していた，ということもあり得ます。その場合，多額の損害賠償を求められるだけでなく，自社の事業内容の見直しも必要になる可能性があります。

▶▶3__知的財産と従業員

　知的財産は従業員との関係でも問題を生じます。会社が知的財産を生み出すとしたら，それをするのは従業員です。また，会社業務で知的財産を使用するのも従業員です。そして，問題はまさにこの2つの場面で生じます。前者では，従業員が仕事の中で行った発明についての権利関係が問題となります。また，後者では，秘密を守るために従業員にどのような義務を課すことができるか，が問題となります。以下では，この2つについて説明します。

▶ §**2** __ 職務発明

　特許を受けることができるのは発明者ですから（特許法29条），従業員が発明をしたのであれば，本来，その従業員が特許を受ける権利をもつはずです。ただ，特許法は，会社の業務範囲に属する発明で，かつ，従業員の現在または過去の職務に属する発明を「職務発明」と呼び（同法35条1項），いくつか特別なルールを定めています。なお，このルールは実用新案，意匠の場合も同様です。

▶▶1__職務発明に関する会社の通常実施権

　まず，職務発明について従業員が特許を受けた場合，また，従業員から特許を受ける権利を承継した者がその発明につき特許を受けた場合，会社はその特許権について通常実施権を有する，と定められています（同条1項）。したがって，特許権者は従業員ということになっても，それが職務発明である以上，会社はその特許を無償で使用する権利を取得します。ただ，使用はできても，従業員が他社にその特許の使用を認め，あるいは，権利を譲渡すれば，会社はその特許を独占できず，十分な費用回収が難しくなります。

▶▶2__会社の「特許を受ける権利」

　そこで，会社が，特許を受ける権利自体を取得することが考えられます。これについて特許法は，会社が社内の規則で，あるいは従業員との契約において，あらかじめ会社に特許を受ける権利を取得させることを定めたときは，その特許を受ける

権利は，その発生した時から会社に帰属する，と定めています（同条3項）。ですから，社内で規則整備等すれば，会社が特許を出願することが可能となります。他方，このような規則整備等がなければ，特許を受ける権利は従業員がもちます。

　会社が規則等を定めることで「特許を受ける権利」を最初から取得するという制度は，平成27年の特許法改正により導入されたものです。それ以前については，「特許を受ける権利」はあくまでも従業員に帰属し，会社は，規則等を整備すれば，その権利を承継できるとされていました。実質的には違いがないように思えますが，理屈の問題としては大きな変更です。

　なお，特許法は，従業員が行った職務発明以外の発明に関しては，特許を受ける権利を会社が取得することや，会社のために専用実施権を設定すること等を契約や社内規則で定めても無効だとしています（同条2項）。

▶▶3＿「相当の利益」

　規則等を整備することで会社が特許を受けた場合，発明した従業員には何の見返りもないのでしょうか。平成27年改正前も，規則等で承継することを定めれば，当然に権利が承継されましたので，実質的には同じ問題がありました。

　たしかに，職務発明の場合，その会社における長年の技術の蓄積の上で発明が行われることが少なくありません。当該発明による利益が莫大である場合でも，その発明だけでなく，それに至る蓄積の貢献も無視できません。他方，何の見返りもなければ，従業員に発明に対する意欲が生まれないのも明らかです。そこで，特許法は，会社が特許を受ける権利を取得すると定めた場合には，発明者である従業員は「相当の金銭その他の経済上の利益」（「相当の利益」と呼ばれます）を受ける権利を有すると定めています（同条4項）。

　なお，平成27年改正前は，権利を承継する，という形でしたので，会社は従業員に「相当の対価」を支払うものとされていました。

▶▶4＿「相当の利益」の内容

　問題は，その金額あるいは内容です。過去には，この金額がきわめて些少とされていたこともあり，たとえば青色ダイオードをめぐる訴訟等，訴訟が増加し，その際，裁判所はきわめて高い金額を認めました。当時の特許法によれば，「相当の対価」は，「使用者の受けるべき利益の額」を考慮して決められることになっていましたので，会社側が実際に得た利益が莫大であれば「相当の対価」も高額なものとなりました。

　しかし，会社側の利益を計ること自体難しいですし，会社の貢献度等といった他の要素も考慮する必要があります。当時の「相当の対価」の決定方法は，会社にとっても従業員にとっても結果が予測できないものと考えられたようです。そこで，平

12章＿＿知的財産管理と従業員　**153**

成16年に特許法が改正され，予測可能性を高めるルールへと変更されました。

▶▶5__社内規則等による「相当の利益」の決定

　現在のルールによりますと，社内規則等で「相当の利益」を定めますと，その定めに従って相当の利益を与えることが不合理であると認められない限り，規則に従って「相当の利益」が決定されることになります（同条5項）。そして，規則の内容が不合理か否かについては，基準内容の相当性よりも，規則制定にあたり会社と従業員との間での協議が行われたか，基準が開示されているか，相当の利益の決定において当該従業員から意見聴取をしたか，という手続面を中心として判断するとされています。ですから，こうした手続面をしっかりと押さえて規則を制定し，これを踏まえて発明者である従業員から意見聴取を行って「相当の利益」を決定すれば，それは不合理なものではなく，その金額が裁判でも認められることになります。

▶▶6__社内規則等が無効，あるいは存在しない場合の「相当の利益」の決定

　他方，従業員とまったく協議をせずに社内規則を定めたり，また，発明した従業員から意見を聴取せずに「相当の利益」を決定すると，それは不合理なものとされる可能性が大きくなります。不合理と判断されると，社内規則の基準は適用されず，その場合，発明により会社が受ける利益の額，発明に関連して会社が行った負担や貢献，従業員の処遇その他の事情を考慮して「相当の利益」を決めることとなります（同条7項）。また，社内規則や契約で「相当の利益」について定めていない場合も同様です。

▶§3__守秘義務と競業避止義務

　開発した内容を公開したくない，あるいは，そもそも特許等の対象にならない情報である，といった場合もあります。このような場合，特許出願は行わず，企業内で秘密として管理することになります。しかし，業務で用いるものである以上，従業員にはそれらの情報を提供し，利用してもらう必要があります。そうしますと，従業員が同業他社にその秘密情報を提供する危険や，転職とともに情報が流出する危険が生じます。

　特許を取得していると，そもそも公開されていますから情報漏洩という問題は生じません。また，かりに従業員が転職後に許可なくそれを用いれば特許権侵害となります。しかし，特許権等がない場合にはそうはいきません。それでは，どのように秘密情報の漏洩や不正使用のリスクを回避すればよいのでしょうか。

154　　第Ⅱ部＿＿＿労務（労働法務）の基本をつかむ

▶▶1__不正競争防止法による営業秘密の保護

こうした秘密情報のうち一定の条件を満たすものには，先述の不正競争防止法が適用されますので，まず，その点を確認しておきます。

同法は，事業者間の公正な競争等を確保するために，事業者による不正競争があった場合にはその差止を請求し，また，損害が生じた場合には損害賠償を請求できるとするものです。そして，同法は，禁止されるべき不正競争の一種として営業秘密を不正な手段で取得する行為やそれを使用する行為を挙げています。ですから，企業内の秘密のうち「営業秘密」と認められるものについて不正取得・使用等があった場合には，同法による救済を受けることが可能ということになります。

❶ **営業秘密とは** それでは不正競争防止法が保護の対象とする営業秘密とはどういうものでしょうか。同法は，「秘密として管理されている生産方法，販売方法その他の事業活動に有用な技術上又は営業上の情報であって，公然と知られていないもの」を営業秘密としています（同法2条6項）。すなわち，「秘密管理性」，「有用性」，「非公知性」という3つの条件を満たすものが営業秘密となります。

❷ **営業秘密に関する不正競争とは** 不正競争防止法は，営業秘密について，それを不正の手段で取得し，または不正取得したものを使用・開示する行為をはじめとし，複数の行為類型を不正競争として列挙しています。そして，そのうちの一つとして，不正の利益を得る目的で，またはその営業秘密保有者に損害を加える目的で，営業秘密保有者から示された営業秘密を使用・開示する行為が挙げられています（同法2条1項7号）。従業員との関係で問題となるのはこのタイプです。

具体的には，従業員が顧客名簿を競争相手に売り渡すことや，また，自ら起業してその顧客名簿を使用して事業を開始することが該当します。これらの行為は，不正の利益を得る目的，あるいは会社に損害を加える目的と考えられるからです。もちろん，営業秘密に該当することが必要ですので，たとえば秘密として管理されていないような顧客名簿の場合には，そもそも不正競争防止法の適用対象とはなりません。

❸ **不正競争と判断された場合の保護** 不正競争と判断されますと，会社は損害賠償を請求できるだけでなく，使用等の差止請求を行うことも可能です。また，損害賠償に関しては，損害額の推定や不正使用の推定もされますので，通常よりも訴訟遂行が容易になります。さらに，営業秘密が不正使用されて粗悪品を販売された場合などについては信用回復措置を請求することも可能です。

▶▶2__契約上の守秘義務と競業避止義務

このように会社の情報が営業秘密に該当すれば，損害賠償や差止といった救済を

受けることができ，そのことは従業員に対しても一定の抑止効果をもつでしょう。しかし，これで十分というわけではありません。

　まず，営業秘密に該当するか否か，すなわち上記の3つの条件を満たすか否かが必ずしもはっきりしない場合があります。また，営業秘密には該当しないもののやはり秘密として守りたい会社の情報も存在します。さらに，かりに営業秘密として保護されるとしても，実際に営業秘密の漏洩や不正使用が生じますと，それへの法的対応にはそれ相応のコストもかかりますし，損害賠償や差止請求等だけでは十分な救済にならない場合もあります。

　このような事情から，従業員に対し守秘義務や競業避止義務を課す会社が少なくありません。しかし，このような義務には従業員側の利益を侵害する可能性があります。とくに従業員に競業避止義務を課しますと，従業員の兼業や再就職の機会が狭められます。それでは，このような両者の利害の衝突は，どのように調整すべきでしょうか。在職中と退職後に分けて説明します。

❶　**在職中の守秘義務と競業避止義務**　　在職中の従業員は会社との間で契約関係にあります。契約関係にある当事者は，その契約の実施にあたり相手方の利益を侵害しないように配慮する義務を負います。これは，どのような契約についても妥当し，法律用語で言えば，契約当事者間の信義則に基づく義務，ということになります。

　雇用契約の場合も，会社，従業員双方とも，契約の実施にあたって相手方の利益を侵害しないように配慮しなければなりません。そのため，たとえば，営業秘密に限らず会社にとって重要な秘密を漏洩することや，それを用いて会社と同様の事業を自ら行い，また，同業者で働くことで，会社に損害を与えるような行為はしないよう，従業員は義務づけられています。

　したがって，採用時に守秘義務や競業避止義務を合意していなくても，また，就業規則にそのような定めがなくても，使用者は従業員に対し，会社に損害を与えるような秘密漏洩や競業をやめるよう，求めることは可能です。しかし，法律論でそうは言えても，皆が知っているわけではありませんから，やはり就業規則において守秘義務や競業避止義務を定めておくことは重要です。また，そのようにしておけば守秘義務や競業避止義務の範囲などについても細かに定めることもできます。

　就業規則に守秘義務や競業避止義務の定めがおかれた場合，それらは労働契約法7条にいう「合理的」な内容を定めるものとなり，従業員との契約の一部となります。しかし，会社側に守るべき正当な利益がない場合にまで，これらの義務が及ぶわけではありません。たとえば，従業員が会社の不正行為を内部告発すると，たしかに会社は損害を受けるかもしれません（長い目で見れば利益かもしれません）。しかし，不正を隠蔽しておくことによる会社の「利益」というものは，法律で保護されません。むしろ，不正が公表されることで，消費者等が損害を受けずに済みます。です

から，こうした内部告発の場合には，守秘義務は及ばないわけです（本書11章参照）。

☕コーヒーブレイク12.1＿副業

　従業員に対し勤務時間外の副業を原則禁止，あるいは許可制にしている会社が多いと思います。その場合，そもそも競業も副業の1つですから，副業の禁止は競業の禁止も含むことになります。

　ところで，政府は，数年前から副業・兼業を推進する方針を打ち出しており，そのため，副業を認める就業規則改正を行う会社も増えています。たしかに，就業時間外は従業員の私的時間ですから，一般的に副業を禁止するのはおかしいかもしれません。当時，給料がなかなかアップしない中，副業は収入増加をもたらす手段だと考えられました。また，副業は新たな知見や技能の習得につながる可能性もあります。それが会社の利益になるかもしれません。さらに，副業を通じて将来的に伸びる経済部門への転職へとつながることもあり得るでしょう。

　ただ，実際に今までとは異なる業種で働くことは簡単なことではありません。収入を増やすだけなら，慣れた仕事で稼ぐ方が容易です。そうなりますと，秘密の漏洩や競業といったことが問題となります。この場合，会社側には正当な理由がありますから，従業員の副業を認めないことは許されます。

　また，労基法は，複数の会社で働いた場合，労働時間は通算されると定めています（同法38条）。労働時間規制は何よりも労働者の健康確保を第一の目的とするものです。同じ人間が複数の場所で働いた場合，それらを通算するのは，労働時間規制の目的から考えると合理的でしょう。そもそも会社も，従業員に，就業時間外の行動の疲れが残るようなことはして欲しくないわけです。それは事故にも繋がりかねません。従前，副業・兼業を一般的に禁止する例がほとんどであったのは，そういう事情があったからだと思います。ただ，従前とは「労働」の内容や質も変化しましたから，副業・兼業が就業時間中のパフォーマンスに影響しない場合も増えていることは確かです。そのような環境変化が昨今の議論の大前提ではないかと思います。

❷　**退職後の守秘義務と競業避止義務**　会社と退職後の従業員との間には，もはや契約関係は存在しませんから，契約に基づいて当然に守秘義務や競業避止義務が認められる，というわけにはいきません。そのため，退職した従業員にも守秘義務や，とりわけ競業避止義務を負わせたいのであれば，そのための根拠を設定する必要があります。

　そのような根拠としては就業規則が考えられますが，さらに，入社時や秘密を開示する時に，守秘義務や競業避止義務に関して個別に合意することや，退職時に同様の合意を行うことも考えられます。個別の合意を行うことは，従業員に対し，事の重大性を知らせることにつながります。

　もっとも，このような就業規則や個別合意の効力が全面的に認められるのか，と言われると，必ずしもそうではありません。

12章＿＿知的財産管理と従業員　157

まず，守秘義務ですが，従業員は秘密をみだりに開示しなければ良いだけなので，とくに従業員に負担がかかるものではありません。そのため，漏洩により会社に損害が生じるような秘密に関しては，守秘義務に関する合意は基本的に有効です。

　他方，競業避止義務の場合は事情が異なります。退職後に競業避止義務を負うと，その従業員は今までと同じ仕事で働けません。すなわち，それまでに培った知見や能力を用いることができず，その結果，大幅な収入の減少を覚悟しなければならないでしょう。このように競業避止義務は元従業員の利益を大きく損なう可能性があります。そのため，競業避止義務を認めるとしても無制約というわけにはいきません。具体的に数字を挙げることは難しいのですが，基本的には，会社側が守ろうとする企業利益の性質や重大性，従業員の在職期間中の地位や処遇，代償措置の有無や内容といった観点を考慮し，競業避止義務の時間的・場所的・業種的範囲を相当なものとしておくことが必要です。そうでないと競業避止義務に関する合意等は有効と認めてもらえません。

☕コーヒーブレイク12.2＿従業員の引き抜き

　他の会社の従業員に声をかけ，自社に転職するよう誘うことがあるかもしれません。即戦力として自社の発展に貢献してくれることが期待できます。他方，引き抜かれた側としては，業績が悪化する可能性があります。

　引き抜きを防ぐためには競業避止義務が効果的ですが，競業避止義務が認められるためには，会社側に保護に値するだけの利益がなければなりません。会社が培ったノウハウや顧客情報といったものです。他方，単に競争相手を排除するだけ，というのでは，保護すべき正当な利益とは言いがたいでしょう。ですから，競業避止義務で引き抜きを防止することには限界があります。

　また，引き抜きも従業員から見れば転職であり，従業員には職業選択の自由がありますから，転職自体は自由です。そうだとすると，その転職に誘い水を出すことも基本的には自由ということになります。

　もっとも，引き抜きが社会的に見て許されないようなやり方で行われる場合は，引き抜きが違法とされる場合もあります。たとえば，競争相手を潰す目的で，一度に大量の従業員を引き抜く場合です。引き抜き行為が違法と判断されるケースは少ないですが，競争はフェアーに行う必要があります。

13章 __ 雇用契約の終了

§1 __ 合意解約と解雇

▶▶1__辞めてもらう必要と従業員側事情

従業員に辞めてもらわないといけない場合も出てきます。従業員の仕事ぶりが悪い，資金繰りが苦しく雇っておけない，といった場合です。辞めさせられる従業員にとっては，収入源がなくなるのは一大事です。また，今までしてきた仕事をできなくなるばかりか，仕事仲間との日常も奪われます。このように，従業員に辞めてもらう，というのは，会社にとっても，従業員にとっても切実な問題です。

ところで，正社員を雇用する場合には，通常，契約期間を定めません。これを無期労働（または雇用）契約と呼びます。その場合に辞めてもらう代表的な方法としては，合意解約と解雇があります。

▶▶2__合意解約

合意解約とは，従業員と契約を終了させることについて合意することです。従業員も納得しているはずなので，後のトラブルは少なくなります。辞めてもらう時は，まずこの方法を模索すべきです。ただ，従業員の合意を得るのは簡単ではありません。良い再就職口がない限り，従業員は収入源を失う話になかなか同意できません。

▶▶3__解雇

そこで，2つ目の方法として，会社から一方的に契約を解約することが考えられます。民法627条は，会社，従業員双方に対し，いつでも一方的に雇用契約を解約できる権利を与えています。会社がその権利を行使することを解雇と呼んでいます。解雇は従業員に多大な影響を与えます。そのため，法律も様々な制約を課しており，解雇が有効と認められるためのハードルはかなり高いものとなっています。以下ではその内容について説明します。

159

▶§2 __ 解雇に関する法規制

▶▶1__解雇予告と予告期間

　解雇については，労働基準法がいくつかのルールを定めています。これらのルールを守りさえすれば，問題なく従業員に辞めてもらえる，というわけではありませんが，ルールを守らなければ，罰則を科される可能性や解雇が無効になる可能性があります。

❶　**解雇予告と解雇**　　解雇するためには，会社が従業員に対し労働契約を終了させるという意思を伝達する必要があります。この意思の伝達のことを解雇予告と呼んでいます。解雇予告の方法についてはとくに定めはないですが，重要な話ですので，文書により行うことが望ましいでしょう。

❷　**予告期間**　　労基法は，従業員を解雇する場合，原則として解雇の30日前に解雇予告をするよう，会社に求めています（同法20条）。ですから，明日から来なくて良い，と言えないのが原則です。しかし，30日分の平均賃金を支払うのであれば，明日から来なくて良い，と言うことは可能です。これを予告手当と呼んでいます。また，平均賃金を支払った日数分だけ，予告期間を短縮できる，とも定めています。従業員にとっても，30日前に予告されるよりも，お金をもらった方が良い面もあります。働かなくて済むので，次の職探しに時間を使えます。

　予告義務の違反には罰則が定められています。他方，予告義務に違反して解雇してしまっても，使用者が即時解雇に固執しない限り，すなわち30日分の給与を支払う意思を示せば，解雇自体が無効になることはなく，解雇の通告から30日後に契約が終了します。

✍トピック 13.1__平均賃金

　平均賃金というのは，労働基準法が使用者に様々な支払を義務づける場合に用いている金額で，12条に計算方法が定められています。大雑把に言いますと，過去3か月分の給料（その間にボーナスがあったとしても除外します。他方，残業代は含みます。）を，その間の日数で割り算した金額です。労働日の日数ではなく，総日数で割りますので，その点注意が必要です。

---

❸　**予告せずに即時解雇が可能な場合**　　労基法は，予告期間をおかず，即時に解雇できる場合を2つ認めています。1つ目は，天災事変その他やむを得ない事由に

160 第Ⅱ部____労務（労働法務）の基本をつかむ

より事業の継続が不可能となった場合です。2つ目は労働者の責めに帰すべき事由に基づいて解雇する場合です。

事業継続不能の原因が，たとえば会社の法令違反とか，資金繰りの失敗といったものである場合は，やむを得ない事由とは言えません。天災事変と同程度に，社会通念上必要な対応をしても如何ともし難いものである場合，ということです。

労働者の責めに帰すべき事由がある場合とは，懲戒処分として解雇する場合（懲戒解雇）がほとんどです（本書11章参照）。

ところで，どちらのケースについても，労基法は，それぞれの事情があるだけでなく，それを労働基準監督署において認定してもらう必要があると定めています。これを除外認定と呼んでいますが，会社側の勝手な判断を許さない趣旨です。除外認定がない場合，予告義務があったこととなり，30日分の給与の支払いが必要となります。

▶▶2＿解雇禁止期間

労基法は，従業員が産前産後休業中である期間及びその後の30日間，また，労災で休業している期間及びその後の30日間について，解雇を禁止しています（労基法19条）。これらの期間は，従業員は解雇されても職探しができず，ダメージが大きいからです。

もっとも，その期間中に解雇予告することは可能であるとされています。たとえば産前産後休業が終わる日に30日の予告期間をもって解雇予告することは可能です。

この解雇禁止についても例外が定められています。すなわち，天災事変その他やむを得ない事由のために事業の継続が不可能となった場合は，この禁止期間中においても解雇することができます。このやむを得ない事由についても，▶▶1の❸で説明したものと同様です。また，労働基準監督署の除外認定をもらわないといけないことも同様です。他方，労働者の責めに帰すべき事由に基づく場合は，例外として認められていませんので，注意が必要です。

▶▶3＿解雇禁止事由

差別に基づいて，また，従業員の権利行使を理由として解雇がなされることがあります。様々な法律がそのような解雇を禁止する規定をおいています。

たとえば，労基法3条は，「使用者は労働者の国籍，信条又は社会的身分を理由として，賃金労働時間その他の労働条件について，差別的取扱をしてはならない」と定めています。解雇がこの差別的取扱いにあたれば，それは無効と判断されます。また，男女雇用機会均等法6条は，性別に基づく差別的取扱いとして解雇することを禁じています。さらに，労働組合法7条は，労働組合に加入し，また正当な組合

13章＿＿雇用契約の終了　161

活動を行ったことを理由として解雇その他の不利益取扱いすることを禁じています
し，また，育児介護休業法10条および16条は，育児・介護休業を請求し，または
実際に取得したことを理由として，解雇その他の不利益な取扱いをしてはならない，
と定めています。

　このように差別的な解雇や，権利行使を理由とする解雇を禁止する規定は，これ
ら以外にも数多く定められています。もっとも，実際にこれらの規定に基づいて解
雇が無効と判断される例はほとんどありません。というのも，従業員が，差別や権
利行使を理由とした解雇であることを証明することは困難だからです。もちろん，
会社が，育児休業を請求したから解雇した，と発言し，その録音があれば別ですが，
会社がそのような発言をすることは通常考えられません。このように差別等である
ことの証明は難しいのですが，従業員側には，次に述べる解雇権濫用の主張という
強力な手段が存在します。

▶▶4＿解雇権濫用の禁止

　会社が行う解雇にとって一番の制約となるのは，労働契約法16条が定める解雇
権濫用法理です。これは，解雇権の行使が客観的に合理的な理由を欠き，社会通念
上相当と認められない場合には，権利の濫用として無効とする，というものです。

❶　**権利濫用の判断基準**　　会社としては，解雇の理由を説明し，それが合理的な
ものだと理解してもらう必要があります。「客観的に合理的」というのは，解雇す
る側だけでなく，他人が見ても合理的と思える必要がある，ということです。さら
に社会通念上相当というのは，どこの会社でもそのような解雇は行われているもの
だ，ということを意味します。多くの企業では，その程度の理由であれば，あるい
は，そのような状況では解雇しない，というのであれば，社会通念上相当とは認め
られません。要するに，解雇が相当か否かを決めるのは，解雇する会社の判断では
なく，社会一般の通念だ，ということです。そして，その社会通念がどういうもの
であるかを判断するのは裁判所ですから，結局，裁判所の目からみて，そういう解
雇が一般的に妥当と考えられるか否かが問題，ということになります。

　それでは，具体的にどのような判断が行われるのかを見てみましょう。解雇の合
理的な理由としては，それが従業員側に生じる場合と会社側に生じる場合を区別で
きますので，その区別に従って説明します。

❷　**従業員側に生じる事情による解雇**　　従業員側に生じる事情としては，必要な資
格の喪失，能力や意欲の不足，勤務態度・成績の不良，病気や怪我等があります。
これらの事由により，従業員が契約上想定されていた労働をできていないと評価で
きるのであれば，それは合理的な解雇理由となります。その際，注意すべきは次の
2点です。

まず，正社員の多くについては職務特定の合意がなく，様々な職務を担当することが想定されています。そうしますと，ある職務については十分に仕事をこなせないが，他の職務についてはこなせる，という場合が生じます。実際に担当してもらわないとできるかどうかわかりませんので，結局，能力不足を理由に解雇するには，社内のすべてではないとしても，主な仕事を様々に担当してもらったけれど，どれについても十分に仕事ができなかった，と言えなければならないことになります。

　また，従業員を能力不足で解雇するには，会社側が必要な指摘や指導，さらには教育訓練を行ったにもかかわらず「改善の見込みがない」場合である必要があります。十分な指導・教育なしに解雇すると，たいてい無効と判断されます。

　どの程度の能力不足が必要か，ということですが，それはそれぞれの契約で変わってきます。たとえば，中途採用者を高給で上位の職につける契約の場合には，契約において高度な能力を発揮することが合意されていると言えますので，それだけの能力がないと判断できるのであれば解雇は有効となります。他方，学卒者の新規採用では，およそ給料を支払う意味がない程度の能力不足でないと解雇は認められないと考えておいた方がよいでしょう。また，このような従業員の場合，会社側には指導や教育訓練が強く求められることになります。

　なお，病気や怪我については，休職制度を設ける場合が多いと思います。そして，多くの場合，休職期間満了時に復帰ができなければ退職とされます。この場合，復帰可能か否かが争われることがありますが，精神疾患の場合には判断が難しい問題です。

✒ トピック 13.2＿病気休職制度

　従業員が病気や怪我で職場から長期離脱する場合につき，大企業を中心に，休職制度が設けられています。法律に定めがあるものではなく，それぞれの会社が就業規則で定めるものです。

　通常，従業員からの申出に基づき，会社が休職命令を発する，という形がとられます。休職を命じる際には，診断書に基づき見込まれる療養期間に対応する休職期間が設定されます。同一事由に基づく休職については上限を定める例が多いようです。たとえば，当初の見込みに基づき6か月の期間が設定されたものの，さらに療養が必要な場合は，上限を超えない範囲で延長が繰り返されます。上限としては1年程度が多いようですが，それよりも長い例もありますし，短い例もあります。ただ，あまり短いと，予告期間や解雇権濫用法理の潜脱になる可能性があります。おおむね6か月以上は必要ではないかと思われます。休職期間満了時になお職場復帰できない場合には，退職扱いとする例が多いですが，解雇する，と定める場合もあります。解雇する場合には，解雇に関する規制がすべて適用されます。ただ，復帰不能であれば，通常，その解雇は有効と判断されます。

---

❸　**使用者側に生じる事情による解雇**　　事業がうまくいかず，従業員数の削減を余

13章＿＿雇用契約の終了　│163

儀なくされる．また，今まで行っていた業務から撤退した結果，それを担当していた従業員が不要となる，といったことが生じます。そうした場合の解雇を整理解雇と呼んでいます。

このような整理解雇については，①人員を削減する必要があるのか，②解雇を回避するための措置を実施したか，③解雇対象者の選定は合理的か，④解雇に至った事情を従業員に十分に説明したか，また，労働組合がある場合には労働組合と十分に協議したか，といった観点を考慮して，解雇権の行使が権利濫用になるか否かが判断されます。整理解雇の場合，従業員には何の責任もないわけですので，裁判所は，会社にとって比較的厳しい判断をするようです。

まず，人員削減の必要性ですが，人員削減が必要となる原因は，財務状況の悪化，受注減，業務の見直し等と様々です。これらにより人員削減せざるを得ない状況がどの程度あるか，ということが問われます。

次に解雇回避措置ですが，解雇をする前に，配置転換，関連会社への出向，残業の削減，新規募集の停止，希望退職の募集等の回避措置をどれだけとったかが考慮されます。およそ考えられる措置をすべてとることまで求められるわけではありませんが，他社でも一般的に行われている回避措置をとっていないと，解雇が無効と判断される可能性が高まります。

解雇対象者選定の合理性としては，客観的な選定基準が設定されているか，設定された基準どおりに対象者の選定は行われたか，ということが問われます。諸外国では，勤続年数の少ない者から解雇する，といった慣行が成立しているところもありますが，日本にはそのような慣行はありません。そのため，勤続年数の長い者から解雇するといった基準でも良いですし，また，高齢者から解雇するという基準もあり得ます。実際には，成績基準が用いられることが多いようです。懲戒歴，欠勤率，遅刻歴などが用いられるほか，人事考課の結果を用いる場合もあります。

従業員への説明や労働組合との協議も重要な要素です。これをまったくしていないようなケースでは，他の要素について問題がなくても，整理解雇が無効と判断されているケースがあります。

以上の①〜④の要素を総合考慮して，整理解雇が有効か否かを判断するのですが，総合判断というものは，判断結果の予測がつきにくいものであることも事実です。

▶ §3 __ 有期労働契約とその終了

パートやアルバイト，また，契約社員や嘱託社員と呼ばれる従業員の場合，契約に期間が設定されていることが多いと思います。これを有期労働（または雇用）契

約と呼んでいます。

雇用契約に期間を設定することは法律上とくに制限されているわけではありません。ただ，雇用契約に期間を設定しますと，設定しない場合とは異なるルールとなりますので，注意が必要な点がいくつかあります。

▶▶1__契約期間中の解約

上述のとおり，無期契約の場合は，民法によれば，会社，従業員の双方に自由に契約を解約する権利が認められています。もちろん使用者側の解雇権は労基法や労働契約法で強く制限されるわけですが，そもそも有期契約の場合には，このように自由に契約を途中解約する権利は認められません。契約に期間を設定した以上，一般に，その期間は契約を継続することが約束されたと考えられるためです。ですから，一方的に解約できるのは，契約を継続しがたいやむを得ない事由が生じた場合に限られます（民法628条，労働契約法17条）。

もちろん，契約締結時に，期間途中でも自由に解約できるようにしようと約束することは考えられるのですが，労働契約法17条は，使用者についてはそのような合意はできないと定めています。

このように，有期契約を締結しますと，契約期間中の解雇は，「やむを得ない事由」がない限りできないわけですが，この「やむを得ない事由」は，たとえば労働者が犯罪を行い逮捕されてしまった，とか，自然災害で工場の再開が無理になった，といった場合でないと認められず，労働契約法16条が設定する制限よりも厳しいものと考えられています。

他方，期間中に一方的に解約することは難しいとしても，会社と従業員が契約終了の合意を行えば，契約期間中いつでも契約を終了させることは可能です。この点は，無期契約の場合と同様です。

▶▶2__契約期間の満了

有期契約の場合，契約期間が満了すれば，それにより自動的に契約は終了します。期間が満了することを従業員に通知しなくても，契約は終了します。

契約期間が満了しているにもかかわらず，従業員が働きに来て会社の側もそのまま働かせてしまったらどうなるでしょうか。その場合，同じ条件で契約がもう一度締結されたとみなされます（民法629条）。

▶▶3__有期契約の更新と更新拒絶

有期契約は，本来，一時的な職務のために利用するものかもしれません。しかし，恒常的な職務について有期契約を締結してはいけない，というルールはありません。

13章＿＿雇用契約の終了　165

☕コーヒーブレイク13.1__有期雇用契約と解雇予告

　労基法21条は，日雇い労働者，2か月以内の期間を定めて雇用される労働者，4か月以内の期間を定めて雇用される季節労働者が一定の条件を満たした場合，その使用者に対し，労基法20条にしたがって30日前に解雇予告する義務を課しています。日雇いは，その日限りで契約は終了しますが，日雇い労働者を1か月を超えて使用すると，関係を切るためには30日前に解雇予告する必要が出てきます。また，上記の有期雇用労働者については，当初の契約期間を超えて使用すると，やはり30日前に予告する必要が生じます。

　労基法20条が定める予告義務を免れるために，日雇いや有期契約という形式が用いられることを防ぐ趣旨と言われます。

そのため，今は仕事があるし，財政的にも余裕があるが，いつまで続くかわからない，また，今の人よりも優れた人が現れるかもしれない，といった考慮から，期間を定めることもあるでしょう。

　しかし，従業員の方は，仕事が恒常的な性質の場合，仕事が続く以上雇用も続くのではないかと期待することでしょう。そもそも，従業員はどこかで働いて給料を得なければなりませんから，一般的に雇用が継続することに利益を有しており，たとえ契約に期間が設定されていてもその事情は変わりません。

❶　**雇い止めの法理（労働契約法19条）**　　そこで，労働契約法19条は一定の有期契約の更新拒否について，労働契約法16条が定める解雇権濫用法理と同様の制限を課しています。すなわち，更新拒絶が客観的に合理的な理由を欠き，社会通念上相当と認められない場合，労働者が契約更新の申込みをしたときは，使用者はこれを承諾したものと認められることになります。少し回りくどいですが，要するに，契約が更新されたことになる，ということです。

　なお，労働契約法19条は，同法16条と同じような表現を使っていますが，有期契約労働者の場合，正社員である無期契約労働者の場合ほど，雇用継続について有する利益は大きくないと考えられてきました。正社員の場合と違い，そもそも流動性の大きい非正規の場合には，転職による不利益が小さいと考えられるからです。そのため，制限の程度も自ずと緩やかではないか，と言われています。

❷　**雇い止めが制約される場合**　　それでは，どのような場合に解雇と同じような制限を受けるのでしょうか。19条が定めているのは，次の2つです。

　①1つ目は，契約に期間が設定されてはいるけれども，それが形ばかりになっており，実質的には無期契約と違わなくなっている場合です。

　②2つ目は，雇用が継続されることについての従業員の期待が，客観的にも合理的，すなわち周りからみていても当然と思われる程度に至っている場合です。

　更新の都度，契約手続をしっかりとしていれば①に該当することはありません。

また，実際の裁判で争われるのもほとんどが②の例です。

それでは②で，従業員の期待が合理的となるのは，どのような場合でしょうか。裁判所が考慮要素とするのは，仕事の恒常性，契約の反復継続の程度，会社側の言動等です。上述したように，担当している仕事が恒常的な性質のものであるなら，仕事がある限り雇ってもらえる可能性があると期待するでしょう。ただ，これだけで期待が合理的とまで言える場合はほとんどないと思います。むしろ，更新回数が多い，長年に亘っている，といった事情や，会社が「長く働いて欲しい」と述べていた，といった事情が，期待の合理性を認める際の根拠とされます。両方が必要というわけではなく，裁判例の中には，まだ更新をしたこともないのに，会社側が雇用の継続を示唆したことや，他の従業員が更新されていることを根拠に合理的期待を認めた例があります。

❸ **更新限度条項**　このようなルールがあるため，最近では，最初の契約時に，更新はするけれども，3回を限度にする，とか，5年を超えることはない，といった条項（更新限度条項）を会社側が入れる場合が増えています。このような条項がありますと，その上限を超えて契約が更新されることに期待をもつことは通常ありませんから，合理的期待は否定される傾向にあります。もっとも，上限を超えて更新されている従業員が他にいるようだと，合理性が肯定されることもあり得ます。

▶▶4＿無期転換請求

労働契約法18条によりますと，雇用契約が更新された結果，通算期間が5年を超えるに至った場合，従業員が契約終了までに無期契約の締結を申し込むと，使用者はこれを承諾したものとみなされます。契約条件は，期間の定めを除き，最後の有期契約の場合と同様ということになります。契約条件はそのままですから，非正規労働者を正社員にしなければならない，というものではありません。また，期間の定めはなくなりますので，従業員の雇用はより安定したものとなりますが，会社には，合意解約や解雇により契約を終了させる可能性がありますので，およそ辞めてもらうことができなくなる，というわけでもありません。

通算5年の期間の計算ですが，契約と契約の間に空白期間があっても，前の方の契約期間の半分（端数がでる場合は1か月単位で切り上げ，最大6か月）以下であれば，前後の契約は継続していたものとみなされます。

なお，その期間中に無期転換請求が可能となる有期労働契約の締結にあたっては，労基法15条に基づき，無期転換申込みに関する事項や無期契約になった場合の状況に関しても明示する必要が生じます。

13章＿＿雇用契約の終了 | **167**

▶§**4**＿定　年

▶▶1＿定年退職制度

　多くの会社，とりわけ大企業では，一定年齢に到達することを契約の終了事由と
する定年制度を定めています。定年制度を設けるか否かは，各会社の判断によりま
す。中小零細企業では，定年制度を定めていないところもありますし，定めていて
もその通りの運用をしていない場合も多いようです。

　高齢になりますと，労働能力が低下することは否めません。誰しもどこかで引退
することになりますが，能力低下には個人差が大きいのも事実です。これを考慮す
ると，能力が一定以下になった時点で解雇する，という方が適切なようにも思えま
すが，能力が低下したか否かの判断はそれほど簡単ではありませんし，また，周り
の者が皆，能力の低下をはっきりと感じていても，本人が納得するとは限りません。
こういう事情を考慮すると，年齢で一律に退職してもらう制度も一定の合理性を有
することになります。ただ，一定年齢で切ることは，高齢者を差別するもので違法
だとする国もあります。また，次に述べるように，定年制度は年金支給開始年齢と
の関係でも，その制度内容が問題となります。

▶▶2＿定年制度と年金支給開始年齢

　老齢年金は，65歳が支給開始年齢ですから，それよりも前に定年を迎えると，そ
の間，どのようにして生計を維持するのか，という問題を生じます。高齢者の再就
職は簡単ではありませんから切実な問題となります。

　そこで，高年齢者雇用安定法は，60歳を下回る定年制を禁止するとともに，65
歳まで雇用を確保するよう使用者に義務づけています。ですから，たとえば58歳
定年制を定めても，それは無効となり，その場合，その会社には定年制はなかった
ことになります。

　また，65歳までの雇用継続については，①定年年齢を65歳以上に引き上げる，
②定年後65歳まで何らかの形で雇用を継続する，③定年制を廃止する，という3
つの選択肢の中から1つを選んで実施するように求めています。もっとも，この義
務に違反し，何の措置も講じない場合でも，それに対する罰則があるわけではあり
ません。また，従業員は，使用者が何の措置も講じない場合，損害賠償を求めるこ
とは可能かもしれませんが，当然に65歳まで雇用することを求めることができる
ものでもありません。

14章 ＿ 社会保険の法と制度

▸§1 ＿ 社会保険とは

　本書の最後に，社会保険とよばれる制度について説明します。この制度に関する知識が起業にとって重要な理由は大きく2つです。

　第1に，社会保険は法によって加入が義務付けられています。社会保険とは，病気やケガに加え老後や失業なども含めたリスクについて，社会全体で対処するために，主に労働者の保護を目的として誕生しました。社会保険がもし任意加入であれば，ケガをするリスクが高い業種に属する企業ばかりが制度に加入する状態になりかねないため，加入対象を法律が決め，対象とされた者は加入を義務付けられます。そして加入手続などを行うのは事業主の責任です。

　第2に，病気やケガなどのリスクへの備えに関する知識は誰にとっても重要です。私たちの生活の経済的基盤は，多くの場合，働いたことによる収入によって成り立っています。そのため，大きな病気などをして働けなくなると，たちまち生活は立ち行かなくなります。誰もが免れられないこのリスクにきちんと備えることは大変重要ですから，そのリスクに対して国がどのような備えをしているかを知ることは，起業する人自身の問題としても，また，他人を雇用するにあたっても重要であるといえるでしょう。

　社会保険の種類は，病気やケガなどに備えるための医療保険と，老後などに備えるための年金保険に大別されます。そこに，労働保険とよばれる労災保険と雇用保険の2つを加えることもあります。以下では，それぞれの制度について，起業した場合を想定しながら概説します。

▸§2 ＿ 医療保険

　医療保険として，最も代表的なものに健康保険があります。健康保険は労働者およびその家族らを保険給付の主な支給対象としています。また，健康保険の対象とならない者については国民健康保険とよばれる制度があります。まずは，健康保険についてみていくことにしましょう。

▶▶1__健康保険

　健康保険は，病気やケガのほか出産や死亡したときなどの不時の出費に備えて，労働者および事業主の両方が保険料を負担しながらリスクに備える制度であり，健康保険法という法律に規定されています。

　起業時には，主に次の3点について健康保険に関する知識が必要になります。

❶　適用事業と被保険者・被扶養者　　第1に，健康保険が適用される対象です。これについては，次の3点が重要です。

　1つ目は，そもそも事業所が社会保険の強制適用となるかどうかです。社会保険には加入義務があると述べましたが，実は保険制度ごとに加入が強制される要件が異なっています。加入が強制される事業所を強制適用事業所とよびますが，健康保険では，法人は全て強制適用事業所となります。一方，個人事業主の場合，まずは，加入が強制される業種（工業や金融業など）に該当するかどうかが判断され，そのうえで常時5人以上の労働者を使用するときに加入が強制されます。

　2つ目に，強制適用事業所になった場合，さらに，個々の労働者が健康保険の被保険者となるかどうかが問題となります。分かりやすくいえば，いわゆる正社員（法人の代表者や役員も含む）については被保険者となるものの，アルバイトなどの非正社員については被保険者となるか否かが分かれます。様々な判断基準がありますが，代表的には正社員の勤務時間・日数のおおむね4分の3以上勤務する者は被保険者となる場合が多いです。また，仮に4分の3未満であっても，週の所定労働時間が20時間以上で，報酬の月額が8万8000円以上であり，学生などでなく，事業所が一定の規模要件を満たしている場合は，被保険者となりえます。なお，従業員が75歳以上になりますと健康保険ではなく，後期高齢者医療制度に加入することとなります。

　3つ目に，被保険者とともに被扶養者となる者がいるかどうかが問題となります。被扶養者とは，主に被保険者によって生計を維持されている家族を指し，典型的にはいわゆる専業主婦（夫）の方や子などが当てはまります。被扶養者は，被保険者と同様に，病気などの際に健康保険から保険の給付を受けることができます。

❷　保険料　　第2は保険料ですが，これについては，次の2点が重要です。

　1つ目は，何を基準に保険料を計算するのか，という点です。健康保険の保険料は，それぞれの労働者の報酬に基づいて決定されますが，報酬の月額として標準報酬月額が，また，賞与の額として標準賞与額が計算の基礎として用いられます。標準報酬月額の決定には次の4つがあります。まず，入社時には初任給を基にして決定されます（資格取得時決定とよばれます）。次に，既に企業に在籍している労働者については，毎年4～6月の給与を基に決定されます（定時決定とよばれます）。また，

170　　第Ⅱ部＿＿労務（労働法務）の基本をつかむ

継続した3か月間の報酬に著しい変動があった場合にはその都度計算されます（随時改定とよばれます）。そして，いわゆる産休明けや育休明けには，報酬額を改めて再計算されます（育児休業等終了時改定とよばれます）。

2つ目は，保険料の計算と実務的な手続です。実は，健康保険の保険料の支払いについては，厚生年金と一元化されているため，いわゆる年金事務所が各書類の主な提出窓口になっています。保険料は，標準報酬月額や標準報酬賞与額に対して一般保険料率とよばれる保険料率を乗じた額であり，毎月徴収されます。一般保険料率は主に都道府県ごとに決定されており，現時点での全国平均は10％前後です。これに加え，40歳以上の労働者については，介護保険とよばれる制度への加入も義務付けられており，介護保険料も支払うこととなります。各保険料については，労働者と事業主が2分の1ずつ折半して支払うこととなっています。

❸ 給付の種類　　第3は，保険給付の内容です。健康保険の保険給付には様々なものがありますが，大きく分けると医療に関する給付と所得の保障に関する給付があります。また，支給の原因となる場面で区別すると，病気やケガによるものと，特別な事情によるものがあります。ここでは，主な給付についてのみ説明します。なお，健康保険の給付に関する主な窓口は全国健康保険協会の各支部が担っています。

まず，病気やケガによる医療に関する給付として「療養の給付」があります。これが健康保険の中でも中心的な給付です。財布の中に運転免許証サイズの保険証とよばれるカード（またはマイナンバーカードなど）を入れている人も多いのではないでしょうか。そして，風邪をひいたら保険証をもって病院を受診し，かかった診療費のうち3割のお金を払った経験がある人も多いかもしれません。上記の場面が，まさに「療養の給付」を受けたものとなります。

なお，医療に関する給付については，自己負担金の額があまりに高額になった場合に備え，一定額を自己負担すべき金額の上限とし，それ以上にかかった自己負担金については健康保険が補填する「高額療養費」とよばれる制度もあります。

次に，病気やケガによる休業時の所得保障に関する給付として「傷病手当金」とよばれるものがあります。「傷病手当金」は，療養のため労務に服することができない場合に標準報酬月額の約3分の2が支給されるという給付です。支給期間は最長で1年6か月間となっており，仮にこの期間中に退職して健康保険の被保険者としての資格を喪失したとしても，一定の要件を満たせば，退職後も「傷病手当金」を受給し続けることが可能です。

この他，特別な事情による給付として，いわゆる出産費用に充当される「出産育児一時金」や，出産期間中の所得保障に関する給付として「出産手当金」などがあります。

14章＿＿＿社会保険の法と制度 ｜ 171

▶▶2＿国民健康保険

　医療保険としては国民健康保険とよばれる制度もあります。これは，健康保険ではカバーされない自営業者などを主な適用対象としています（法人ではなく個人事業として起業した場合は，起業した本人やその被扶養家族もこれに該当することとなります）。これにより国民全員が医療保険にカバーされることになります（国民皆保険）。医療に関する給付は健康保険と同じですが，休業時の所得保障はありません。また，健康保険における被扶養者に相当する概念はなく，全員が被保険者として扱われる点，保険料の計算方法や保険料の負担者（健康保険のように労使折半ではなく，被保険者が全額負担）などに違いがあります。届出などは各市町村の役所が窓口となります。

✍トピック 14.1＿介護保険の役割

　高齢化社会の進展に伴い，介護に対するニーズが増加したことから，それに社会全体として対応すべきとして平成12年から介護保険法が施行されています。介護保険では，40歳以上65歳未満の被保険者を第2号被保険者とよび，65歳以上の被保険者を第1号被保険者とよびます。保険料については，すでに紹介した通り第2号被保険者からは他の社会保険料とともに介護保険料も徴収し，第1号被保険者からは市町村が年金からの天引きなどの方法で徴収しています。介護を要する状態になったとしても出来るだけ自立して生活が出来るよう，その者が暮らす地域において支援を行うという理念が介護保険では掲げられており，介護を要する程度の区分に応じて訪問介護などの介護サービスが受けられるものとなっています。今後は更なる高齢化の進展が予想されており，社会保険の中でも介護保険の果たす役割がますます大きくなっていくでしょう。

▶§3 ＿ 年金保険

　年金保険には，国民年金と厚生年金の2種類があります。年金とは，老後や障害を負ってしまった場合などに，生活の経済的基盤を支えるために，終身または一定期間について決まった金額が給付される仕組みのことです。日本の年金制度は，ほとんどの国民を対象とした国民年金を基礎（国民皆年金）とし，会社員や公務員については，この国民年金に厚生年金を上乗せするという2階建ての建付けとなっています。以下では，まず国民年金について説明したうえで，厚生年金についてみていくことにしましょう。

▶▶1__国民年金

国民年金は，自営業者をはじめ，労働者やその家族らも含めた20歳以上60歳未満の全国民が加入するものであり，老齢や障害などを理由として基礎年金とよばれる年金が支給される仕組みのことです。

❶ **被保険者**　国民年金の被保険者は強制被保険者と任意加入被保険者に区分できます。任意加入とは，国外居住など何らかの理由で国民年金に加入できない者が加入できる制度ですので，ここでは強制被保険者についてみていきましょう。

強制被保険者は第1号被保険者から第3号被保険者の3つに分けることができます。起業した場合に雇用する従業員は第2号被保険者となりますが，これは次節で取り上げる厚生年金の被保険者でもあります（法人の場合は代表者や役員もこれに該当します）。また，第2号被保険者の配偶者であり，かつ，主として第2号被保険者に生計を維持されている者が第3号被保険者です。そして，第2号および第3号被保険者のどちらにも該当しない自営業者などが第1号被保険者です。個人事業として開業した場合は，起業した本人やその家族は第1号被保険者となります。

❷ **給付の種類**　国民年金には，代表的な給付として次の3つがあります。

第1は，「老齢基礎年金」です。この年金は，受給資格期間（保険料納付済期間と免除期間などを合算した期間）が10年以上あると支給されます。支給額については毎年度変動がありますが，2025年4月時点では83万1千7百円（昭和31年4月1日以前生まれの人は82万9千3百円）に，加入可能年数（40年）に対する保険料納付期間などの割合を乗じた額が支給されます。「老齢基礎年金」は基本的に65歳以降に支給されますが，60歳以降であれば支給額の一部減額を受け入れつつ支給時期を繰り上げることも可能ですし，その反対に，75歳までであれば支給時期を繰り下げたうえで，支給額を増やすこともできます。

第2に，「障害基礎年金」があります。「障害基礎年金」は，もし病気やケガなどにより働くことができなくなった場合に，一定程度以上の障害等級に該当すれば一定額以上の年金が支給されるというものです。ただし，保険料の未納があると，障害を負っても「障害基礎年金」が支給されない場合があります。国民年金には保険料の減免制度も用意されているため，納付が困難な場合にはしっかりと手続や相談を行いましょう。

第3に，「遺族基礎年金」があります。「遺族基礎年金」は，国民年金の被保険者や老齢基礎年金の受給権者などが亡くなってしまった場合，残された遺族として18歳未満の子がいれば，配偶者または子に対して，一定額が支給されます（2025年4月時点で83万1千7百円（昭和31年4月1日以前生まれの人は82万9千3百円）＋子の加算額）。

14章＿＿社会保険の法と制度 | **173**

▶▶2 厚生年金

　厚生年金とは，老齢や障害などを理由として厚生年金とよばれる年金が支給される仕組みで，1階部分の国民年金に上積みされる2階部分にあたります。その対象が主に労働者とその家族らになっているため，起業にあたり従業員を雇うことになれば，厚生年金に関する手続が必要となります。

　実は厚生年金に関する説明については，その半分以上をすでに行っています。なぜなら，厚生年金の適用事業や被保険者および保険料については健康保険と一元化されている上，給付の種類についても国民年金とほぼ同様のものが支給されるからです。よって以下では，厚生年金に特有の部分に限って説明を行うこととします。

❶　**適用事業と被保険者，保険料**　厚生年金の適用事業については，一部例外はあるものの，ほとんど健康保険と重複しています。一方，被保険者については，健康保険の場合は75歳未満とされているところ，厚生年金の被保険者は原則として70歳未満の者とされた上で，70歳以上の者で年金の受給資格を満たしていない者は例外的に任意加入することができる場合があります。

　保険料についても健康保険とほぼ同様ですが，育児休業を取得した労働者の標準報酬月額について，将来支給することになる年金額が育児休業によって減額することがないようにする特例措置が置かれています。

❷　**給付の種類**　厚生年金についても，代表的な給付は次の3つになります。

　第1は「老齢厚生年金」です。「老齢基礎年金」が受け取れる場合において，厚生年金に加入した期間が1か月でもあれば支給されることとなっています。支給額は，働いていた当時の標準報酬月額や加入月数などに比例して決定されるため，短い期間しか厚生年金の被保険者期間がない場合，受給できる金額は僅かになるでしょう。なお，繰上げや繰下げの制度もあります。

　第2に，「障害厚生年金」が挙げられます。「障害基礎年金」との違いは，障害等級について「障害基礎年金」では1級もしくは2級以上であることが求められる一方，「障害厚生年金」においては3級も用意されています。また，支給額に関して標準報酬月額などに比例する部分はあるものの，「老齢厚生年金」と異なり最低額が保障されているため，労働者として働きながら何らかの障害を負ってしまった場合は，「障害基礎年金」とあわせて一定額以上の「障害厚生年金」が支給されます。

　第3に，「遺族厚生年金」があります。「遺族基礎年金」は遺族に子がいる場合の支給に限られますが，「遺族厚生年金」は，子はもちろん配偶者をはじめ，父母や孫，祖父母も遺族の範囲に含まれることがあります。支給額は状況によって異なり，被保険者が死亡した場合や「障害厚生年金」の受給者が死亡した場合は，死亡した者が厚生年金に25年以上加入していたものと仮定して支給額が計算されますが，「老

齢厚生年金」の受給者が死亡した場合などにはその限りではありません。

▶ §4 ＿ 労働保険

これまでは，社会保険とよばれる医療保険と年金保険についてみてきました。しかし，社会保険を広く捉えると，労災保険と雇用保険の2つからなる労働保険もこれに含まれます。そして，起業するにあたって従業員を雇用する場合には，この労働保険への加入も法によって強制されますので，以下ではこれらについて説明します。なお，保険料については，原則として労災保険と雇用保険が一元的に徴収される仕組みとなっているため，本章の最後で触れることにします。

▶▶1＿労災保険

労働者が労働災害（☞**10章**の✎トピック**10.4**参照）にあった場合，保険によって負傷・疾病・障害・死亡などの災害に関する補償を受けることができるように，使用者に加入が義務付けられるのが労災保険です。労働者に生じた災害が労災保険の補償対象と認められるためには，災害について業務が原因であったかどうか，すなわち業務起因性が認められるかという点が重要になります。

労災保険は労働者を1人でも雇う事業ならば加入が義務付けられるものであり，また，雇う側にとっても本来は自分自身で労働者に対して補償を行うべき部分を保険で肩代わりしてくれる制度ともなっていますので，起業する場合にはきちんと制度の概要を把握しておく必要があるでしょう。

❶ **適用事業と被保険者，保険の適用**　労災保険は，極めて例外的な場合を除いて，労働者を雇う限り加入が義務付けられます。強制適用事業所で働く労働者には全て労災保険が適用され，仮に事業主が労災保険に関する手続を行っていなかったとしても，従業員は自ら労働基準監督署に請求することによって労災保険の給付を受けることが可能です。その場合，事業主にペナルティが課される場合もあるため，起業する際には必ず手続を行う必要があります。実際の手続は他の社会保険と一体化されているものもありますが，主な対応窓口は労働基準監督署となっています。

労災保険は，上で述べた業務上の災害のほか，通勤中の災害についても補償対象としています。たとえば，労働者が退勤途中にもし転倒してケガをした場合には，通勤災害として労災保険の支給対象となることがあります。

また，近年では副業や兼業を行う労働者の方も増加しているところ，複数事業での業務を要因とする災害（それぞれの事業では「過労」に該当しない場合でも，全体を見れば「過労」に該当する場合など）についても支給の対象となることがあります。

14章＿＿＿社会保険の法と制度 | **175**

なお，労災保険には，本来は労働者ではないような一定規模以下の中小零細企業の役員や個人事業主も加入できる特別加入制度とよばれるものもあります。起業する場合，自分自身も従業員と一緒に作業することも少なくありません。作業時の危険に備えて，民間の保険会社と傷害保険契約を交すことも可能ですが，この特別加入制度を利用することも検討すべきでしょう。

❷　**給付の種類**　労災保険の給付の種類には多くのものがありますが，ここでは業務上の災害について，代表的なものを紹介します。

まず，負傷・疾病に対応する給付として，「療養補償給付」「休業補償給付」「傷病補償年金」というものがあります。簡単にいえば，「療養補償給付」とは，負傷・疾病を直接治療するためにかかった病院代などを補償するものです。負傷・疾病によって労働者が働けない期間の所得を補償するものとして「休業補償給付」があり，それが1年6か月以上の長期に及んだ場合は，「傷病補償年金」に切り替わることがあります。

負傷・疾病による症状が固定化され，障害として残ってしまった際，その障害が一定程度以上の等級に該当する場合，「障害補償給付」が支給されます。また，障害等級が重い場合（第1級から第7級まで），この障害補償給付は年金として支給されます。

労働者が残念ながら死亡してしまった場合については「遺族補償給付」や「葬祭料」という給付が用意されています。この遺族補償給付も多くの場合で年金として支給されます。

なお，労災保険では別に労働者福祉事業を行い，各補償給付について上乗せの支給金を給付しています。

▶▶2＿雇用保険

雇用社会において，自分自身のこととしても社会全体のこととしても，失業というリスクは必ず存在します。この失業というリスクに対して備える保険が，雇用保険とよばれるものです。実際の事務手続については，ハローワークとよばれる公共職業安定所が窓口を担っています。

❶　**適用事業と被保険者**　雇用保険も労災保険と同様に，労働者を1人でも雇う場合は原則として強制適用事業所となりますが，雇用保険の方が強制適用から外れる場面がやや多くなっています。その理由は，次に挙げる雇用保険の被保険者として扱われる範囲が一部限定されるからです。

雇用保険の被保険者には，次の4種類があります。1つ目は，一般被保険者とよばれるもので，31日以上雇用されることが見込まれ，1週間の所定労働時間が20時間（今後法改正により10時間に引き下げ予定）以上で，学生などに当たらないもの

がこれに該当します。もっとも，2つ目以降の被保険者に該当する場合は，それぞれの被保険者となります。2つ目は，高年齢被保険者とよばれるもので，65歳以上の被保険者が該当します。3つ目として，季節的に雇用される人を主に想定した短期雇用特例被保険者というものがあります。最後に，いわゆる日雇労働者が該当する日雇労働被保険者というものがあります。なお，雇用保険には労災保険のように，特別加入の制度は設けられていません。

❷ **給付の種類**　雇用保険における失業とは，被保険者が離職し，労働の意思および能力を有するにも関わらず，職業に就くことができない状態を指します。換言すれば，病気などによって離職してしまった場合，病状が重ければ労働の能力がないと判断されることもあるため，その際は次に挙げるような雇用保険の「基本手当」を受給することはできません。もっとも，ハローワークに申し出て手続をしておけば，手当の受給期限を延長しておくことも可能です。

　雇用保険の中心的な給付は，「基本手当」とよばれるものであり，失業手当ともよばれているものです。「基本手当」は，失業中の所得を保障するものとして機能します。「基本手当」は，原則として，離職前2年間に被保険者期間が12か月以上（倒産，解雇などの場合は離職前1年間に被保険者期間が6か月以上）ある場合に支給されます。また，「基本手当」の金額は，離職前6か月の月例賃金と年齢により決まりますが，上限額が設定されています（たとえば29歳以下の場合は7065円）。また，支給を受けられる日数は，雇用保険の被保険者としての期間，年齢，離職理由などによって決まります（90〜360日）。労働者が「基本手当」を受給するためには，離職証明書をハローワークに提出する必要があるため，事業主としては，労働者が退職する際には雇用保険の資格喪失に関する届出を行い，労働者に対して離職証明書を交付しなければなりません。

　雇用保険では，以上のような失業給付に加え，失業の予防や労働者の能力開発等労働者の福祉の増進を図るため，雇用安定事業と能力開発事業を行っています。その事業で設けられた給付には，事業を行う上で助けとなるものがありますので，以下，主なものを説明しておきます。

　1つ目は，能力開発事業による「教育訓練給付」です。これは，何らかの職業能力を獲得・開発するために，専門学校や大学院の学費などに雇用保険を一部活用できる制度です。労働者として一定期間働いた経験があれば，「教育訓練給付」の支給対象になる場合があるため，従業員の能力を養成したいと考えた際には，使うことができるかもしれません。

　2つ目は，雇用安定事業による「雇用調整助成金」です。たとえば，景気の変動などにより従業員を削減する必要が生じた場合に，解雇を避けて休業や出向といった方法を採った場合に申請できます。他にも多くの助成金があるため，会社として

14章＿＿社会保険の法と制度　**177**

活用を検討する余地があるでしょう。

3つ目は,「育児休業給付」および「介護休業給付」についてです。これも雇用安定事業によるものです。特に,育児休業については,近年男女問わず利用が増加しているものであり,該当する労働者がいる場合には専門家にも相談しながら,最新の制度内容についてしっかりと把握しておかなければなりません。

▶▶3__労働保険料

労災保険と雇用保険の保険料(労働保険料)は,例外を除いて一元的に徴収されています。最近は手続を簡便化する観点から,その他の社会保険ともあわせて提出することが可能な書類もあるため,必要に応じて専門家や各窓口に照会しましょう。

労働保険料の計算の基礎となるのは,事業主が労働者に対して支払う賃金であり,その賃金額に労働保険料率(労災保険率+雇用保険率)を乗じた額が支払うべき労働保険料となります。具体的な保険率については,労災保険,雇用保険それぞれで業種別に定められています。ただし,労災保険については,「メリット制」とよばれる仕組みが設けられています。これは,労災の多寡に応じて保険率を増減させるもので,労災が多い事業主の保険料は高くなり,反対に労災が少なければ保険料は安くなります。また,労災保険の保険料は全額が事業主負担となっていますが,雇用保険に関しては労働者負担分があります。

保険料の申告と納付については,原則として年度単位となっています。事業を開始してから10日以内に所轄の労働基準監督署に保険関係成立届を,また,所轄の公共職業安定所には雇用保険適用事業所設置届を提出し,50日以内に見込みの賃金額を基にして1年間分の労働保険料を支払う必要があります。そして,毎年度7月10日に,前年度に実際に支払った賃金額を基に計算した保険料と,あらかじめ支払っていた保険料との差額を清算しつつ,翌年度の保険料について再び見込の賃金額を基に計算した保険料を支払うことになります。また,年度の途中に見込みの賃金額や保険料率が変動する場合には,追加で保険料を支払わなければならなくなる仕組みも設けられています。なお,一定の要件のもと約4か月ごとに保険料の支払いを区切る延納という制度もあるため,必要に応じて利用を検討してみてください。

☕コーヒーブレイク14.1__各社会保険制度の関わり合い

各社会保険制度は,密接に関わり合いながら運用されています。次に示す例を題材に,各社会保険制度の接続について確認してみましょう。

たとえば,ある労働者が就労の継続が困難となるような病気に罹患したとしましょう。

178 | 第Ⅱ部__労務(労働法務)の基本をつかむ

もし，その病気の発症が業務に起因するものであると認められれば，労災保険の「療養補償給付」の支給対象となります。反対に，私傷病である場合には，健康保険の「療養の給付」を活用して病院に通うことになります。ここでは私傷病であったと仮定してみます。そうすると，就労できない間は病気休職制度（⇒**13章**の✍トピック**13.2**参照）を利用してお休みをとることになると思います。お休みの期間中の所得保障については，健康保険の「傷病手当金」が支給されることになるでしょう。

　残念ながら就労不能期間が長期に渡り，休職期間の満了に伴って退職することになるかもしれません。私傷病の場合，一定の要件を満たせば，退職後も「傷病手当金」が支給されます。1年6か月間が経過すれば，「傷病手当金」は支給されなくなりますが，初診日において厚生年金の被保険者である場合，「障害厚生年金」および「障害基礎年金」に関して障害等級の審査に申請することが可能です。そこで仮に障害が認められれば，「障害厚生年金」および「障害基礎年金」が支給されることになります。その逆に，時間とともに体調が回復し，「傷病手当金」が支給される1年6か月間のあいだに就労可能となる場合もあるでしょう。この場合に備え，退職した際は雇用保険に関してハローワークにて，「基本手当」の受給期間の延長申請をしておきましょう。就労可能となった後にハローワークであらためて手続きをして，「基本手当」を受給しながら，教育訓練を受けたり，就職活動を行ったりすることができます。

　以上のように，社会保険の各制度はそれぞれが重なり合いながら，相互に連関して動いているため，全体像を把握しつつ，適切なタイミングと方法で専門家に相談していく必要があります。

起業のための企業法務入門

事業実践へのナビゲーション

2025 年 4 月 20 日　初版第 1 刷発行

著　者	村 中 孝 史・堀 江 崇 寛
	平 木 健太郎

発 行 所　　㈱北 大 路 書 房

〒 603-8303　京都市北区紫野十二坊町 12-8
電話代表　　（075）431-0361
Ｆ Ａ Ｘ　　（075）431-9393
振替口座　　01050-4-2083

ⓒ 2025
編集・製作／秋山　泰（出版工房ひうち：燧）
組版／華洲屋（kazu-ya）
装丁／上瀬奈緒子（綴水社）
印刷・製本／亜細亜印刷（株）
落丁・乱丁本はお取り替えいたします。
定価はカバーに表示してあります。

Printed in Japan
ISBN978-4-7628-3283-3

JCOPY 〈㈳出版者著作権管理機構 委託出版物〉
本書の無断複写は著作権法上での例外を除き禁じられています。複写される場合は，
そのつど事前に，㈳出版者著作権管理機構（電話 03-5244-5088，FAX 03-5244-5089，
e-mail: info@jcopy.or.jp）の許諾を得てください。

道野　真弘　（近畿大学教授）　編著

会社法Ⅰ　ガバナンス編　（ネオ・ベーシック商法2）
会社法Ⅱ　ファイナンス編　（ネオ・ベーシック商法3）

2019（令和元）年改正会社法（2021年3月施行）の要点を盛り込んだ，経済記事・経済ニュースのリテラシーがつくテキスト。ガバナンス（経営統治），ファイナンス（金融・会計・決済等）の2巻に分けセメスターに対応。Ⅰ巻は組織法制を，Ⅱ巻は財務法制をカバーする。2つの切り口から円環的に企業法制を捉え直す斬新な試みのテキスト。

❖会社法Ⅰ　ガバナンス編

▶主な目次

01章　会社法への誘い

02章　株式会社の機関設計

03章　会社の経営機関　▶取締役

04章　取締役等の責任

05章　会社を代表する者　▶代表権

06章　取締役会

07章　株主総会

08章　株主総会と株主権

09章　株主総会決議の瑕疵・欠缺

10章　会社の監査機関等　▶監査役・監査委員・監査等委員・会計参与・会計監査人

11章　M&A法制【1】　▶全体像/合併/株式交換・株式移転・株式交付

12章　M&A法制【2】　▶会社分割と事業譲渡／組織再編手続の瑕疵／組織変更

13章　会社の設立

14章　会社の解散・清算

15章　外国会社と国際会社

〔資料〕　指名委員会等設置会社の定款モデル

▶執筆者

道野真弘/張　笑男/村上康司/黒野葉子/藤嶋　肇/

千手崇史/矢﨑淳司/多木誠一郎

出版年月日	2022/05/20
ISBN	978-4-7628-3192-8
判型・ページ数	A5判・244ページ
定価	2,750円〔税込〕

❖会社法II　ファイナンス編

▶主な目次

01章　ファイナンスからみた会社法
02章　会社の資金調達手段
03章　株式による資金調達
04章　株式の流通
05章　新株予約権
06章　社債による資金調達
07章　会社の計算
08章　会社の支払決済手段／電子債権（電子記録債権）
09章　会社と会計・税務
10章　会社の倒産とその処理
11章　リスクマネジメント／保険と会社法
〔資料〕　株式会社の各種計算書類（ひな型）

▶執筆者

道野真弘/矢﨑淳司/島田志帆/多木誠一郎/
中野浩幸/田邊　誠/笹本幸祐

出版年月日	2022/05/20
ISBN	978-4-7628-3193-5
判型・ページ数	A5判・184ページ
定価	2,750円〔税込〕

北大路書房　刊